죽음의 계곡

죽음의 계곡

초판 1쇄 발행 ┃ 2012년 2월 17일
초판 6쇄 발행 ┃ 2012년 2월 25일

지은이 유병률
펴낸이 손은주 **편집주간** 이선화 **마케팅** 손은숙 **경영자문** 권미숙
디자인 오필민디자인 **일러스트** 정원교
주소 서울시 종로구 평창동 437-6(1층)
문의전화 070-7531-1021(편집) **주문전화** 02-394-1027(마케팅)
팩스 02-394-1023 **이메일** bookaltus@hanmail.net
발행처 (주)도서출판 알투스
출판신고 2011년 10월 19일 제 25100-2011-300호

ⓒ 유병률 2012
ISBN 978-89-968088-1-7(03320)

죽음의 계곡

눈을 감고
길을 걷는
당신에게

유병률 지음

알투스

눈을 감고 길을 걷는 당신에게
경제사를 말하고 싶습니다.

우리는 지금 '죽음의 계곡'에 갇혀 있습니다.
불안과 절박함으로 가득한 죽음의 계곡 말입니다.

우리가 왜 이곳에 갇히게 되었는지 알지 못하면
우리는 이곳을 벗어날 수 없습니다.

그래서 경제사를 말하고 싶습니다.
경제사를 모르면 눈을 감고 길을 걷는 것과 같습니다.

우리는 왜, 지금 이곳에,
이런 상황에 놓여 있는가?

서른하나 K군의 현실은 막막하기만 합니다.

취재하다 알게 된 이 친구, 어렵게 중소기업에 취업한 4년차입니다. 남들처럼 죽어라 공부해 '인서울' 대학에 들어갔고, 또 죽어라 영어학원 다녔고, '자소서' 60번 썼고, 열 번 면접 봤고…… 그 와중에 가슴 절절했던 첫사랑이 자신보다 조건 좋은 남자와 결혼하는 걸 보면서 밤새 소주 마시며 울기도 했고…… 그렇게 해서 이름은 들어본 적 있는 중소기업에 입사했습니다.

그래도 운 좋아 그 정도라도 들어간 것이랍니다. 가슴을 쓸어내렸다더군요. 그나마 얼굴 곱상하고, 붙임성 있고, 전공도 쓸 만해 백수생활이 길지 않았다면서 오히려 천운인가 싶었답니다. 아침마다 양복 입고 출근해서 책상 앞에 앉으면, 이 정도면 최상이다, 더 이상 안 바란다 하는 마음도 들었답니다. 취업 못하고 아직도 도서관에서 시간 보내는 친구가 허다한데, 소주 한잔 사며 위로하는 내 처지가 얼마나 다행이냐 싶었다는군요.

그런데 말입니다. 이 친구, 서른을 넘기고 나니까, 조직이 어떻게 굴러가는지 좀 알고 나니까, 사회가 어떻게 돌아가는지 좀 파악이 되고 나니까 가슴이 한번씩 답답하고 먹먹해진답니다. 10년 후, 20년 후 자기 모습이 지금보다 나아지기는커녕 더 나빠질 게 뻔히 보인다는군요.

7~8년 선배인 과장님은 요새 아파트 전세금 올려달라는 집주인 전화 받고 꼬박 뜬눈으로 밤을 샌다고 합니다. 갑자기 5,000을 어떻게 만드나, 한숨만 나오는데 일이 손에 잡히겠습니까. 40대인 부장님은 고3 아들과 고1 딸 학원비, 과외비가 한 달에 250이라는군요. 1년에 3,000이 애들 사교육비로 나가는데, 무슨 여유가 있겠습니까. 게다가 회사 사정 어려워지면 제일 먼저 눈치봐야 할 군번인데…… 그러고 보면 부장님도 참 안쓰럽습니다. 동기들 모이면 모두 회사욕, 상사욕에 안주가 필요없는데 이 친구는 오히려 과장님, 부장님을 애처로워합니다.

그러다 문득 '나는?' 싶더랍니다. '나는 과장 되고 부장 되면 선배들과 다를까?' '부장님은 비록 융자를 끼긴 했지만 아파트도 한 채 있고, 어디다 오피스텔도 하나 장만해놓았다던데…… 또 과장님은 그래도 3~4억 넘는 전세금을 깔고 있지 않은가.' '나는 서른이 넘었는데도 청약통장 몇 달 부은 것밖에 없고, 대학 때 학자금 대출받은 것도 이제야 얼추 갚아가잖아. 앞으로 5년, 10년 뒤 과장, 부장

이 된다 한들 지금 과장님, 부장님만큼 되기도 힘들 거야. 아, 너무 한심하고 답답하다.'

그렇습니다. 과장님과 부장님도 힘들고, K군은 더더욱 힘듭니다. 아무리 열심히 살아도 나아질 가능성이 없습니다. 이렇게 우리는 모두 죽음의 계곡에 갇혀 있습니다. 불안과 절박함이 가득한 죽음의 계곡 말입니다.

우리는 왜 이렇듯 힘들게 살아야 할까요.

이 책의 목적은 우리가 어쩌다 이 죽음의 계곡에서 허우적거리게 되었는지 추적하는 것입니다. 우리가 왜 이곳에 갇히게 되었는지 알지 못하면 우리는 이곳을 벗어날 수 없기 때문입니다. 해결의 실마리를 결코 찾을 수 없기 때문입니다.

그런데 '우리가 왜 이렇게 살아야 하는지'는 '우리의 부모와 선배들이 왜 그렇게 살아야 했는지'를 모르고는 설명이 되지 않습니다. 우리가 흔히 '세상사'라고 하는 경제사회는 옛것이 관습처럼 유전되고, 거기에 새것이 뒤엉켜 진화하기 때문입니다. 죽음의 계곡이라는 실타래를 풀기 위해서는, 우리가 무엇을 물려받았고 무엇이 새로 더해졌는지 해명하지 않으면 안 됩니다.

그래서 경제사를 말하고 싶습니다.

자본주의라는 경제사회는 거대한 스토리의 연속이자 역동적인 진화과정입니다. 자본주의는 그 내재한 변화원리에 따라, 또 외부적인 조건이 달라지면서 늘 새로운 얼굴을 하고 사람들과 대면합니다. 아울러 자본주의는 사람들이 만들어온, 사람들의 역사입니다. 지배와 복종, 저항과 갈등의 권력관계에 따라 조건이 바뀌기도 하고 방향이 달라지기도 합니다.

그래서 자본주의는 스틸사진처럼 시간을 정지시켜놓고는 그 변화의 과정을 온전히 이해할 수 없습니다. 과거가 어떻게 변화해서 현재가 되었는지를 모르면 지금을 이해할 수 없습니다. 경제를 공부하는 것이 역사를 공부하는 것이기도 한 것은 바로 이 때문입니다. 자본주의도 경제학도 완제품이 아니기 때문입니다.

미국의 진보경제학자 로버트 하일브로너는 "경제학의 목적은 우리 운명을 결정하게 될 자본주의라는 무대를 우리가 더 잘 이해하도록 돕는 것"인데, "경제학을 뚫고 들어가는 최고의 방법이 바로 경제사"라고 했습니다.

경제사를 모르면 눈을 감고 길을 걷는 것과 같습니다.

우리 부모와 선배들이 겪은 아픔과 트라우마가 생성된 과정을 해명하지 않고는 지금 우리의 아픔을 설명할 수가 없습니다. 그래서 경제사를 아는 것은 우리의 정체성을 찾는 작업입니다.

도무지 돌파구를 찾을 길 없는 20대, 우리나라의 수많은 K군 같은 30대, 호황기의 풍요를 조금은 맛보았지만 지금의 현실이 숨 막히는 4,50대…… 우리는 최소한 왜 이렇게 힘든지, 왜 지금 이곳에 이런 상황에 놓여 있는지 알아야 합니다. 이렇게 계속 눈을 감고 길을 걷는 것처럼 끝없이 불안한 삶을 살 수는 없지 않습니까.

경제구조는 그 구조에 걸맞은 인간형을 만듭니다.

거대기업이 지배하는 경제구조는 조직형 인간을 만들고, 그들이 다시 조직형 인간을 재생산합니다. 그러니 그 어떤 인간형도 초역사적인 것이 아니라 역사적인 산물입니다.

돌이켜보면 우리 선배의 선배들은 서커스단의 코끼리처럼, 조련사가 던져주는 먹이를 얻기 위해 묵묵히 회초리를 견디어 하는 야만적 자본주의를 겪었습니다.

그 아래, 그러니까 우리 바로 위 선배들은 양계장의 암탉처럼, 비록 새끼를 깔 수는 없지만 주인이 내주는 먹이를 먹으며 비교적 편안하게 알만 낳으면 되는 시대를 살았습니다.

그리고 지금 우리는 얼마 되지도 않는 기회의 사다리를 붙잡기 위해 죽기살기로 자기계발해서 경쟁하고, 자식 훈련시키고, 거기다 재테크까지 잘해 노후대비도 해야 하는, 악착같은 인간형을 요구받고 있습니다. 어느 것 하나라도 실패하면 '내가 무능력해서'라고 자책해야 합니다.

이 책에서는 이런 역사를 들여다볼 것입니다. 역사가 굽이쳐 굴곡이 만들어질 때마다 어떤 경제구조가 어떤 인간형을 요구했는지 말입니다. 그래서 어떤 나쁜 옛것들이 아직도 우리 마음속에 남아 있는지 보고자 합니다. 나아가 우리를 또 다른 방식으로 벼랑으로 내

모는 새로운 것들을 규명할 것입니다. 그래서 어느 구석에서 탈주의 희망을 찾을 수 있을지 보고자 합니다. 그렇게 해서 두 눈 부릅 뜨고 제대로 한번 길을 가보자는 것입니다.

2012년 2월

유병률

경제사에 대한 존경과 관심을 가지세요.

역사야말로 앞으로 맞이할 어떤 가설이나 시험보다

더 나은 자료가 되어줄 테니.

— 폴 새뮤얼슨 (Paul Anthony Samuelson, 경제학자)

차례

3장 타협 마당을 나온 암탉
평생의 시간을 팔아넘기고 얻은 보금자리

1장
전설

죽음의 계곡

거기 계곡이 있었다.

높은 산맥이 감싸고

월래밋강이 도도히 흐르는.

기름진 포도가 영글고

말과 글을 가진 사람들은

축복의 땅이라 감사했다.

축복의 땅에서 사람들은 앓았다.

여름이면 시름시름 앓았다. 죽어나갔다.

원로들은 부족의 원죄(原罪) 때문이라 했다.

축복의 땅에서 살기 위해 치러야 할 대가라고 했다.

'원래 그렇게 사는 것'이라 아들을 가르쳤고,

아들은 그 아들에게 또 그렇게 가르쳤다.

아무도 이곳을 떠나지 않기에,

누구도 이곳을 떠나지 못했다.

아무도 떠나지 않았기에
누구도 떠나지 못한 죽음의 계곡

미국 서부 오리건주에 월래밋밸리(Willamette Valley)라는 거대한 계곡지대가 있습니다. 동서 양쪽으로 높은 산맥이 둘러쳐졌고, 대지 한복판으로 월래밋강이 도도히 흐르는 비옥한 땅입니다. '와인의 여왕'이라고 불리는 포도품종 피노누아르(Pinot Noir)의 세계적인 산지이기도 합니다. 이곳은 한마디로 축복의 땅입니다.

19세기 중반까지 이곳에는 칼라푸야(Kalapuya)라는 원주민 부족이 터를 잡고 살았습니다. 자신들만의 말과 글도 가지고 있던 우수한 종족이었습니다.

그런데 이곳에는 '축복'과는 정반대되는 전설이 전해내려오고 있습니다. 자연의 혜택을 받은 이곳이 실은 질병과 죽음으로 얼룩진 '죽음의 계곡(the valley of death)'이라는 이야기입니다. 월래밋이라는 지명이 원래 원주민들의 말에서 유래되었는데, 그 어원이 질병 (sickness 또는 disease)을 뜻한다는 겁니다. 전설은 여름만 되면 칼라푸야의 많은 주민이 시름시름 앓다가 죽어나갔다고 전합니다.

윌래밋밸리의 전설

해마다 짙은 죽음의 그림자가 엄습했지만, 누구도 그 이유를 알지 못했습니다. 부족의 원로들은 인간의 힘으로는 어쩔 수 없는 부족의 원죄(原罪) 때문이라고 했습니다. 또 축복의 땅에서 살기 위해 치러야 하는 대가라고도 했습니다. 칼라푸야 주민들은 비옥한 토양의 혜택을 포기할 수 없었기에 숙명처럼 그 재앙을 받아들이며 살았습니다. 잠시 죽음의 그림자만 비껴가면 풍족한 생활이 보장되었으니까요.

적당히 죽어나가면서 부족하지 않게 먹고사는, 그런 균형이 수백 년 동안 지속되었습니다. 부모 세대, 부모의 부모 세대가 이곳이 축복의 땅임을 의심하지 않았기에, 그 자식들도 그렇게 믿으며 대를 이어 그곳에서 살았습니다. 해마다 많은 사람이 죽어나갔지만, 칼라푸야 부족 누구도 윌래밋을 떠나지 않았습니다. 아무도 이곳을 떠나지 않았기에 누구도 떠날 생각을 못했습니다. 이들에게는 '원래 그렇게 사는 것'이었기 때문입니다.

칼라푸야 부족은 결국 이곳을 빼앗으려는 백인들의 총부리를 등지고서야 월래밋밸리를 떠났습니다. 이로써 이들의 오랜 역사도 막을 내렸습니다.

전설을 전하는 사람들은, 해마다 월래밋을 엄습했던 죽음의 그림자의 정체는, 여름에 꽃가루가 한꺼번에 계곡으로 몰려오면서 집단적인 꽃가루알레르기를 일으켰던 것이라고 추정하고 있습니다.

기회의 늪, 죽음의 계곡

고통도 되풀이되면 길들여지는 법입니다. 전설 속의 칼라푸야 부족은, 해마다 수많은 사람이 죽어나갔지만 더 나은 삶을 찾아 계곡 너머로의 탈주를 꿈꾸지 못했습니다. 죽어서야 나가는 것을 운명으로 받아들였습니다. 칼라푸야 부족에게 월래밋밸리는 '그래도 부족함 없는 축복의 땅'이었기 때문입니다. 또 그렇게 생각하고 살아야 한다는 집단의식이 대대로 내면화되었기 때문입니다. 이런 집단의식은 '이게 아닐 수도 있다'는 의심 기능을 마비시키는 이데올로기였고, 그래서 적당히 죽어나가면서 적당히 먹고사는, 아무도 떠나지 않았기에 누구도 떠나지 못하는 모순된 상황이 균형을 이룰 수 있었던 것입니다.

'균형'이라 함은 긴장관계에 있는 것들이 팽팽하게 대립하며 잠시 화해하는 것입니다. 차라리 모두가 한꺼번에 죽어나간다면 나을 것을, 죽어나가는 사람과 살아 있는 사람이 공존하기에 더 고통스

'죽음의 계곡'이라 불리는 미국 오리건주 윌래밋밸리. 칼라푸야 부족은 비옥한 토양에서 비롯된
축복 때문에 해마다 사람들이 죽어나가도 그곳을 떠날 수 없었다.
(윌리맷밸리에 관한 도움말 : 캐나다 빅토리아대학 경영학과 남상훈 교수)

럽습니다. 살아 있는 사람은 끊임없이 자신도 언제든 죽어나갈 수 있다는 정신적인 외상, 즉 트라우마를 안고 살아야 합니다. 그 상처를 누구보다도 잘 알기 때문에, 그것의 원인에 대해 저항하고 도려내기 위해 노력하기보다는, 저항하려는 마음을 오히려 강압적으로 억누릅니다. 일종의 마취제처럼 자기 스스로 이데올로기를 강제해서 그 상처를 덮으려 하는 것입니다.

죽음의 계곡이 '죽음'의 계곡인 것은 모두가 죽어나가기 때문이 아닙니다. 살아 있는 사람들은 남기 때문에 죽음의 계곡입니다. 그들이 계곡에 머물러야 하는 이데올로기를 스스로 내면화하기 때문에 죽음의 계곡이 유지되는 것입니다.

칼라푸야 부족의 비극적인 전설이 어쩌면 여러분과 저의 이야기일지도 모른다는 생각을 해봅니다. 인터넷과 TV로 전해지는 세상은 비옥한 토양의 윌래밋밸리처럼 부족함이 없어 보입니다. 창의적인 능력과 네트워크만 있으면 성공할 수 있는 기회가 사방에 널려 있는 듯합니다. 접근하고 활용할 수 있는 지식과 정보가 도처에 흘러다니고, 돈을 벌고 자신을 인정받을 수 있는 틈새도 더 많아진 것 같습니다.

많은 사람이 '승자독식사회'라고 말하지만, 승자와 패자 간 오르내림이 뱀주사위놀이처럼 드라마틱해진 듯합니다. 많은 사람이 '양극화사회'라고 말하지만, 승자로 향하는 입구만큼은 더 넓어진 것 같아 보입니다. 생각지도 않은 사람들이 생각지도 못한 방법으로 성공신화를 쓰기도 합니다. 기회를 붙잡았을 때의 보상은 월급

몇 푼 더 받는 수준이 아닙니다. 인생이 달라집니다. 사회 전반적으로는 일자리가 줄고 있지만, 안목과 아이디어 그리고 야심을 가진 사람에 대한 수요는 늘어나고 있습니다. 전부는 아닐지라도, 최소한 기회의 사다리에 한쪽 발이라도 걸치고 있는 사람에게는 분명 축복의 땅입니다.

그런데 우리가 딛고 서 있는 이곳에서 '축복'과는 정반대의 전설이 만들어지고 있습니다. 온갖 혜택과 기회에 대한 광고문구로 가득한 이곳이 실은 불안과 절박함으로 얼룩진 죽음의 계곡이라는 전설입니다. 분명 기회는 더 많아진 것처럼 보이는데, 그 기회를 잡기 위한 경쟁은 더 처절해졌습니다. 성공의 틈새는 더 넓어진 듯한데, 그것이 어느 구석에 붙어 있는지 몰라 발을 동동 구르는 사람은 더 많아졌습니다.

기회의 사다리에 오를 자격을 갖추기 위해 끊임없이 자신을 채찍질하고, 자식들을 훈련시킵니다. 무능력은 자기 탓이라고 끊임없이 자신과 자식을 세뇌합니다. 사다리에 오르는 비밀을 찾기 위해 그 비밀의 코드를 알고 있는 사람 근처에서 계속 얼쩡거리며 연을 맺고 싶어 합니다. 신경은 곤두서고, 눈매는 매서워지고, 마음은 조급해집니다.

성공의 봉우리에 올라서도 한숨 돌릴 여유가 없습니다. 더 높은 곳으로 올라갈 기회의 사다리를 놓치지 않기 위해 더 필사적으로 살아야 합니다. 언제 뱀사다리를 밟아 미끄러져 내려올지 모르기 때문입니다. 성공을 향한 레이스에는 결승선도 없어서 노력의 적정

수준도 없습니다. 모든 것을 극한까지 밀어붙여야 합니다. 무언가를 이룬 것 같아도 행복하지 않고 늘 불안합니다. 쉬고 있는 자신을 견딜 수 없고, 돈과 일에 대한 편집증은 갈수록 심화하며, 앞일에 대한 두려움은 더 커집니다. 축 처진 자신의 어깨를 보며 가끔 '이게 아닌데' 의심해보지만, 사실 그런 의심조차 한가해 보입니다. '그렇게 사는' 게 이데올로기가 되어버렸습니다. 우리 마음속에 깊숙이 박힌 유전자가 되어버렸습니다.

이렇듯 우리는 끊임없이 기회의 풍요의 사다리를 추구하면서, 마음 한구석으로는 죽어가고 있음을 느낍니다. 나 자신의 인격과 영혼과 꿈이, 가족과 이웃이, 자식들에게 건강하게 물려줘야 할 우리의 미래가 성마른 날만 세우며 앙상해져가고 있습니다.

주위의 아무도 이런 상황을 벗어나려 하지 않기에 감히 누구도 벗어나지 못하는, '죄수의 딜레마' 같은 현실이 반복됩니다. 바로 옆에서 죽어나가는 것들을 보면서도, 정작 자신도 그렇게 죽어나가는 게 두려워, 그렇게 살아야 한다는 이데올로기를 스스로 내면화합니다. 끊임없이 속도를 경쟁하고, 끊임없이 실력을 경쟁하며, 끊임없이 부의 축적을 경쟁하고 있습니다.

우리를 둘러싸고 있는 죽음의 계곡의 실체는 바로 '기회와 보상의 늪'입니다. 사냥꾼이 구멍 안에 던져놓은 먹이를 한 움큼 잡고는, 손을 빼지도 그렇다고 거머쥔 먹이를 놓지도 못하고 쩔쩔매다가 결국 포획되고 마는 원숭이처럼 말입니다.

탈주

　　전설 속의 칼라푸야 부족은 결국 실제 역사에서도 비참한
종말을 고합니다. 《미국사》를 쓴 프랑스 작가 앙드레 모루아(André
Maurois)는 18세기 들어 오리건주에 진출한 백인들이 개를 풀어 원
주민들을 굴속으로 몰아넣은 뒤 학살했다고 기록했습니다. 게다가
대유행병까지 돌았습니다. 워싱턴대학의 한 연구에 따르면, 칼라푸
야 부족은 1782~1783년 천연두가 유행하면서 부족의 절반이 목
숨을 잃었습니다. 1830~1833년 또다시 전염병이 돌았습니다. 그
리고 그로부터 20여 년 뒤 이들은 결국 백인들에 의해 모두 윌래밋
밸리에서 쫓겨나고 맙니다.

　물론 전설은 전설일 뿐이고, 실제 역사의 기승전결과는 상관이 없
을지도 모릅니다. 그러나 윌래밋밸리의 전설은 칼라푸야 부족이 역
사에서 사라지게 된 이유를 마치 공룡시대를 복원한 컴퓨터그래픽
처럼 정확하게 보여주고 있습니다. 그렇게 살면 이렇게 될 수밖에
없다는, 후세대들에게 던지는 준엄한 메시지입니다. 허리춤까지 거
머리떼가 들러붙었는데도, 기회와 보상의 늪에 빠진 줄도 모른 채
적당히 먹고살아가고 있는 우리에게 던지는 섬뜩한 경고입니다.

　그래서 흔들어 깨우지 않으면 안 됩니다. 몽롱하게 하루하루 지쳐
가는 자신의 삶을 흔들어 깨우고, 가족과 이웃의 삶을 흔들어 깨우
고, 그래서 공동체를 흔들어 깨우지 않으면 안 됩니다. 이게 아니라
는 것을, 다른 삶도 있다는 것을, 다르게 생각하는 법도 있다는 것

을 깨달아야 합니다.

　죽음의 계곡에서 탈주하자는 것이, 그렇다고 기회를 다 포기하자는 이야기가 아닙니다. 최소한 우리가 알고 있는 기회의 사다리를 밑에서부터 걷어차자는 것입니다. 그러고 나서 새로운 기회를 창조하자는 이야기입니다. 그게 내 가슴을 두근거리게 만드는 일에 대한 것이든, 자신이 사회적으로 인정받는 일에 관한 것이든, 돈벌이에 관한 것이든, 아니면 더 숭고한 가치를 위한 것이든, 목표를 정하고 최선을 다하는 것은 현실에 발을 딛고 사는 사람이라면 기부할 수 없는 것입니다.

　문제는 기회와 보상 그 자체가 아니라, 그런 기회와 보상이 조직되고 만들어지는 방식입니다. 죽음의 계곡은 자본주의를 사람 살기 좋게 활용하는 데 실패하고 있는 '사람들의 문제'입니다. 우리도 모르게 주어졌을 뿐인 매뉴얼과 이데올로기 안에서 강퍅하게 생존을 위해 몸부림치며, 결국에는 자기 자신으로부터도 소외되고 마는 우리의 문제입니다. 눈에 보이는 기회의 사다리가 전부라고 생각하고, 스스로 그 노예가 되어가고 있는 여러분과 저의 문제입니다.

　그래서 강요되는 프레임 뒤에 가려져 있는 진실을 찾고, 다른 삶도 가능하다는 것을 깨닫자는 이야기입니다. 무능력과 실패를 끊임없이 내 탓으로만 돌리도록 만드는 게 대체 누구의 탓인지 분명히 하자는 겁니다. 최소한 사냥꾼이 던져놓은 먹이를 포기하지 못해 포획되고 마는 원숭이처럼 살지는 말자는 겁니다.

　이렇게 다른 삶, 다른 생각이 모이고 쌓이면 우리가 선택하지도 않은, 잔인한 기회와 보상의 분포도 바뀔 수 있습니다. '몰입'이라는 이름으로 편집증을 강요하며 우리 영혼을 오염시키는 늪에서 탈출할 수 있습니다. 기회는 지금보다 더 많고 다양해지며, 보상도 지금보다 더 편평하고 다양해질 수 있습니다. 뼈빠지게 일해도 늘 불안한 그 늪을 벗어나, 누구든 열심히 살면 행복해지는, 죽음의 계곡 너머로 한 발짝씩 나아갈 수 있습니다.

그러기 위해서는 알아야 합니다. 무엇이 우리를 화려한 죽음의 계곡으로 내모는지, 무엇이 우리를 일상의 엄청난 사건들을 아무렇지 않게 받아들이게 하는지 말입니다. 세상이 어떻게 바뀔지는 그 세상 안에 살고 있는 사람들이 결정할 문제입니다. 아는 만큼 안목이 생기고, 안목이 생기는 만큼 우리가 바뀝니다. 그리고 우리가 바뀌는 만큼 세상도 바뀌게 됩니다. 현실에 안주하며, 옆사람이 죽어나가는 것을 운명이라 믿으며, 자잘한 안정을 축복이라 여기며 살다가는 우리 모두 전설처럼, 이 죽음의 계곡에서 영원히 빠져나갈 수 없게 될 것입니다.

2장

야만

서커스단의 코끼리

코끼리에게는 광활한 자연이 없었다.

서커스단의 조련사가 던져주는 먹이만이

목표가 되었다.

시키는 대로 잘하면

굶지는 않았다.

하루하루 살기 위해 먹었고,

하루하루 먹기 위해 살았다.

코끼리는 대자연을 잊어갔다.

힘든 노동만 남았다.

분노도 저항도 사치였다.

한번쯤 크게 울어도 보았다.

그러나 먹이와 바꿀 희망은 없었다.

코끼리는 착하게 길들여져갔다.

〈오케이목장의 결투〉 같았던
미국 자본주의의 탄생

　　　　　자, 이제 저는 본격적으로 자본주의 경제사 이
야기를 시작하겠습니다. 제 이야기는 미국을 중심으로 전개됩니다.
이는 현대 세계 자본주의의 역사가 미국 자본주의 역사와 궤를 같
이하기 때문이기도 하거니와, 미국의 경제사는 한국의 경제사를 비
추는 창이기 때문입니다. 미국을 보면 한국이 보이기 때문입니다.
강준만 전북대 교수는 《미국사 산책》에서, "미국이 제2의 한국"이
라면서 "한국 사회와 미국 사회는 압축성장, 평등주의, 물질주의,
각개약진, 승자독식 등 다섯 가지 측면에서 그 특성이 상당부분 같
다"고 진단했습니다.
　유럽 자본주의가 중세봉건의 탯줄을 타고 탄생한 것이라면, 미국
자본주의는 자랄 만큼 자란 묘목을 가져다 심은 것입니다. 영주나
소작농, 길드나 장인, 왕권이나 교권처럼 걸리적거리는 그 무엇도

없이, 자극적인 한 편의 영화처럼 처음부터 베드신으로 들어가버립니다. 적나라한 자본주의의 명암을 압축적으로 보여줍니다. 미국만 보면 자본주의를 다 본 것이라 해도 과언이 아닙니다.

어느 시대건, 원시공동체가 아닌 이상 거기에는 지배적인 세력이 있고, 지배적인 사상이 있습니다. 지배적인 세력은 한편으로는 강제를 통해, 다른 한편으로는 설득을 통해 지배적인 사상에 시대정신이라는 지위를 부여합니다. 그리고 시대정신은 백지에 물감 번지듯 새로운 도덕과 관습과 생활양식, 나아가 새로운 인간형까지 만들게 됩니다.

시민사회는 그 시대정신을 내면화하기도 하고 역동적으로 저항하기도 합니다. 이런 내면화와 저항의 긴장관계는 역사가 굽이쳐 굴곡이 만들어질 때마다 새로운 지배세력을 등장시키거나 옛 지배세력을 부활시키고, 새로운 사상을 만들거나 옛 사상을 부활시킵니다. 그래서 사상이라는 것, 그리고 이 사상에서 가지를 치는 시대정신과 생활양식, 그리고 인간형은 모두 초역사적인 게 아니라 늘 역사적인 것입니다. 이 책에서 우리는 이런 역사를 볼 것입니다.

자본주의의 역사를 돌이켜보면, 서커스단의 코끼리처럼 조련사가 던져주는 먹이를 얻기 위해 묵묵히 회초리를 견뎌야 하는 야만의 시대도 있었고, 양계장의 암탉처럼 비록 새끼를 깔 수는 없지만 주인이 부족하지 않게 던져주는 먹이를 먹으며 비교적 편안하게 지낼 수 있었던 타협의 시대도 있었습니다. 그리고 우리는 지금, 모두가 기회의 사다리를 붙잡기 위해 죽기살기로 덤벼야 하는 죽음의 계곡

한복판을 지나고 있습니다.

우리가 추적해서 따지고자 하는 것은, 그런 역사의 굴곡을 거치는 과정에서 어떤 나쁜 옛것들이 마치 체내에서 사라지지 않는 약물처럼 부활해 우리의 의식을 움켜잡고 있는가 하는 것입니다. 나쁜 옛것들이 사라지지 않고 남아 있다면 좋은 옛것들 역시 더 새롭게 부활할 가능성도 있는 법. 우리는 역사라는 기차가 지나쳐온 어느 역에서 죽음의 계곡에서 탈주할 수 있는 희망의 근거를 찾을 수 있는지도 살펴볼 것입니다.

할아버지 자본주의를 쏙 빼닮은 손자 자본주의

최근 20년 정도를 돌이켜보면 정말이지 놀라운 기술혁신의 시대라는 점은 두말할 필요도 없겠지요. 그런데 2008년 노벨경제학상 수상자인 폴 크루그먼(Paul Krugman)은 이 시기를 '자본주의 낭만의 부활'이라고 표현했습니다. 그리고 그 낭만의 '원조'로 19세기 미국 자본주의를 지목했습니다. 지금의 낭만은 100년 전 낭만이 다시 부활한 것이라는 말인데, 그럼 그 원조 낭만은 어떤 것이었을까요? 크루그먼의 설명은 이렇습니다.

헨리 포드(Henry Ford, 1863~1947)의 시대 이후로 영웅적 기업가는 차츰 신화 속으로 사라져가는 것 같았다. 그러나 1990년대 이후 정보산업은 소위 '자본주의 낭만'이라는 것을 되살려냈다. 영웅적인 사업가가 멋진 신제품을 만들어 마땅히 백만장자가 된다는 신화가 되살아난 것이다. 19세기에 그랬던 것처럼, 경제이야기의 주인공은 다시 뛰어난 개인들, 즉 더 나은 아이디어를 갖고 이것을 차고나 식탁에서 발전시켜 부를 쌓은 사람들이 되었다. 이로 인해 부가 미덕의 산물이라는, 적어도 창의성의 산물이라는 과거의 개념이 화려하게 부활했다.

_ 폴 크루그먼,

《불황의 경제학(The return of depression economics and the crisis of 2008)》

예, 그렇습니다. 모래바람 흩날리는 무법천지에서 총 한 자루로 수십 명을 단숨에 명중시키던 〈오케이목장의 결투〉의 버트 랭커스터 같은 헨리 포드가 원조 낭만이었다면, 컴퓨터 프로그램으로 단박에 세계적인 기업가로 발돋움한 대학 중퇴자 빌 게이츠(Bill Gates)가 신장개업 낭만인 셈입니다.

맨땅에서 출발했어도 개인적으로 걸출하다면 당대의 성공 반열에 올라설 수 있는 무대, 밀어주고 당겨주는 끈적끈적한 태생적·신분적 네트워크 하나 없이도 성공할 수 있는 무대. 그런 무대는 크루그먼의 표현대로 분명 낭만적인 데가 있습니다. 앤드루 카네기(Andrew Carnegie)와 존 D.록펠러(John D. Rockefeller)와 헨리 포드가 무성영화 시대 무대의 주인공들이었다면, 빌 게이츠와 스티브 잡스(Steve Jobs)와 래리 페이지(Larry Page)는 3D영화 시대 무대의 주역들인 것입니다.

그러나 이 원조 낭만의 이면을 들춰보면, 낭만과는 너무나 거리가 먼 폭력과 권모술수, 탄압과 고통으로 가득한 추잡함이 있었음을 알 수 있습니다. 통제되지 않은 낭만은 결국 야만의 다른 이름일 뿐임을 확인할 수 있습니다. 그래서 크루그먼의 말대로 현대 자본주의가 19세기 자본주의 낭만의 부활이라는 측면이 있다면, 19세기 자본주의의 야만성 역시 변신을 거듭해 오늘날 어떤 형태로든 부활했을 것이 틀림없습니다. 크루그먼은 다시 이렇게 이야기합니다.

제2차 세계대전(1939~1945) 이후 수십 년 동안, 도금시대에 보았던 불평등이 다시는 도래하지 않을 전설이 돼버린 것 같았다. 그러나 현재 미국은 그 불평등의 재등장에 직면하고 있다. 과거와 지금은 할아버지와 손자처럼 놀랍고 섬뜩할 정도로 그 모습이 닮아 있다.

_ 폴 크루그먼, 《미래를 말하다(The Conscience of a Liberal)》

'도금시대(鍍金時代)'란 마크 트웨인(Mark Twain)이 19세기 후반 미국의 투기자본주의를 풍자한 소설(《The Giled Age》)의 제목입니다. 겉만 번지르르할 뿐 속은 야만과 불평등으로 꽉 찬 그 시대를 상징하는 말입니다. 여기서 할아버지는 도금시대 미국이고, 손자는 지금의 미국입니다. 그리고 아버지는 제2차 세계대전 이후부터 1970년대 중반에 이르는, 이른바 '타협의 시대'입니다. 지금의 미국이 아버지를 닮았으면 차라리 나을 것을, 대를 건너뛰어 정확히 대물림하고 있다는 이야기입니다.

부와 성공의 기회를 잡기 위한 경쟁이 할아버지 시대만큼 처절하고, 사람들의 삶은 더 피폐해졌다는 것입니다. 그래서 19세기 후반의 미국은 현대 자본주의 낭만의 원조이기도 하지만, 야만의 원조이기도 합니다. 한마디로 죽음의 계곡의 원조입니다.

돈을 벌려면 시대를 잘 타고나야 한다

옛날 부자들은 지금 부자들과는 비교도 안 될 정도로 더 부자였습니다. 19세기 후반의 미국 거부들, 즉 원조 낭만의 주역들은 현재 가치로 따지면 빌 게이츠가 범접도 못할 정도로 큰 부자였습니다.

2008년 《포브스(Forbes)》는 '인류역사상 최고 부자' 명단을 발표했습니다. 그런데 거기에 이름을 올린 부자들은 거의 19세기 후반 미국에서 사업을 키운 기업가들입니다. 정말 화려한 이름들이지요. 10위권만 봐도 존 D. 록펠러(1위), 앤드루 카네기(2위), 윌리엄 밴더빌트(4위), 앤드루 멜런(6위), 헨리 포드(7위), 코넬리어스 밴더빌트(10위, 윌리엄 밴더빌트의 아버지) 등 여섯 명이나 됩니다. 나머지 네 명은 러시아 황제나 로마 귀족 같은, 논외로 쳐야 할 인물들입니다. 자본주의 본산인 영국 등 유럽의 기업가는 10위권은 고사하고 50위권에도 전무하다시피 합니다.

돈 한번 제대로 벌어보고 이름도 날리려면 '때(19세기 후반)'를 잘 타고나고, '학군(미국)'도 잘 만나야 하는 것 같습니다. 19세기 후반은 영국 자본주의가 노후화하기 시작하면서 신예 미국으로 세계경제 주도권이 넘어가기 시작하던 때입니다. 세계 공업생산에서 영국이 차지하는 비중은 1870년 32퍼센트에서 제1차 세계대전 직전인 1913년 14퍼센트로 떨어진 반면, 미국은 23퍼센트에서 38퍼센트로 상승합니다.

확실히 이 시대 미국은 기회의 땅이었습니다. 사실상 상공업자와 대농장주 간의 대리전이었던 남북전쟁에서 상공업자들이 승리하면서, 급격한 산업혁명을 맞으며 화려한 산업주의 시대를 꽃피우게 됩니다. 정부는 기업가들을 위해 공짜로 땅을 내주었고, 엉성했던 법은 무시해도 괜찮은 것이었습니다. 돈이 된다 싶으면 일단 깃발부터 꽂은 다음, 거치적거리는 게 있으면 수단과 방법을 가리지 않고 깨끗이 해치우면 성공이 보장됐습니다. 세상의 영악한 야심가들은 물 만난 고기처럼 펄떡였습니다.

당시 유난히 비늘을 반짝거리며 활개치던 대어들이 바로 록펠러, 카네기 같은 야심가들입니다. 인류역사상 최고 부자 1위인 석유왕 록펠러와 2위인 철강왕 카네기, 그리고 철도왕이자 시장조작의 달인이었던 제이 굴드(Jay Gould), 금융의 황제 J.P.모건(John Pierpont Morgan) 등 세계 기업사의 전설들이 모두 1830년대 출생이라는 것은 우연이 아니라 필연입니다. 이들은 20~30대에 남북전쟁을 거치며 결정적인 사업밑천을 마련하고, 인생의 황금기인 30~50대에 야만적 산업부흥기를 절묘하게 이용하고 또 만들어갑니다.

미국의 저명한 경제사학자인 로버트 하일브로너(Robert Heilbroner)는 19세기 후반의 미국에 대해 "우리가 되돌아보기에도 낯뜨거운 시대였다"고 한마디로 정리합니다. "'신세계'에서 돈벌기 게임은 판돈도 크고 성공 가능성도 높았다. 그러나 이 시대에 사업이란 잔인한 것이었고, 도덕을 지킨 대가는 패배였다. 다른 나라에서 벌어지는 경쟁적 투쟁보다 더 거칠고 신사답지 못했다."

그런데 또 하나 중요한 것이 있습니다. 미국이라는 나라에서는 상류계급으로 '인정'받기 위해서 돈 말고는 다른 옵션이 필요없었다는 점입니다. 이발사나 양조장 주인이 공장을 지어 떼돈을 벌고 자작 직위를 사더라도 옆집의 가난한 세습 자작과 엄연한 차이가 있었던 본토 영국과는 달랐습니다. 좋게 표현하면 출생의 위아래를 따지는 봉건적 잔재라는 게 없었고, 삐딱하게 얘기하면 생길 때부터 품위 같은 건 없었던 나라라는 겁니다. 중세의 봉건적 질서도, 노블레스 오블리주 등 최소한의 귀족적 규범도 없었기에 힘과 능력만 있으면 누구든 성공할 수 있었습니다. 성공에 이르는 수단과 방법은 애당초 논외였습니다. 상류계급에 진입하기 위해서는 돈이라는 여권만 있으면 충분했습니다. 비자는 필요없었던 것입니다.

자본주의의 탄생, 〈오케이목장의 결투〉가 펼쳐지다

얼마나 낯뜨거운 시대였는지, 잠깐 보겠습니다. 1861~

1865년 4년간의 남북전쟁에 총 280여만 명이 참전해 60여만 명이 전사합니다. 병력 대부분은 지원제로 충당되었는데, 북부에서는 300달러를 내거나 대리인을 보내면 병역을 면제받을 수 있었습니다. 예나 지금이나 전쟁의 고통은 늘 가난한 사람들에게 집중되고, '애국심'이라는 이름으로 포장되어 두루뭉술하게 넘어갑니다. 반면 야심가들은 전쟁특수를 노리고 군납사업에 뛰어들어 엄청난 부를 축적합니다.

역시나 300달러를 내고 병역을 피한 J.P.모건은 전쟁중에 군대가 버린 망가진 소총더미를 17,500달러에 사다가 110,000달러를 받고 정부에 되팔아 한몫 챙깁니다. 모건이 납품한 군화는 행군 반나절도 되지 않아 밑창이 떨어졌다고 합니다. 이 일로 장관이 쫓겨나고 모건도 전쟁 후 의회의 진상조사를 받았지만 뇌물로 적당히 넘어갑니다.

모건은 또 당시 링컨 대통령이 전쟁비용 조달을 위해 금으로 교환되지 않는 불환지폐인 그린백(greenbacks)을 대규모로 찍어내면서 금이 희귀해지고 인플레이션이 발생하자 금투기로 막대한 이익을 봅니다. 노예해방을 명분으로 한 전쟁중에 말입니다.

철도왕이자 선박왕이며 미국 밴더빌트대 설립자인 코넬리어스 밴더빌트(Cornelius Vanderbilt)는 전쟁기간에 물이 새는 배를 정부에 팔아 막대한 이익을 남기기도 했습니다. 역시 철도업자였던 짐 피스크(Jim Fisk)는 전쟁중에 남부의 목화를 북부로 밀수해 엄청난 돈을 벌었습니다.

전쟁 이후 미국의 산업은 철도와 철강, 석유의 시대였습니다. 그런데 그 이권을 둘러싼 '위대한' 기업가들의 전쟁은 정말 가관이었습니다. 이런 일도 있었습니다. 1869년 당시 철도망의 핵심노선이었던 뉴욕주 올버니-서스쿼해나 노선을 운영하던 철도회사의 지배권을 둘러싼 제이 굴드-짐 피스크 측과 모건 측의 대결입니다.

노선 한쪽은 굴드와 피스크의 본거지였고, 모건은 다른 한쪽을 쥐고 있었습니다. 피스크는 지배권 확보가 여의치 않자 800명의 각목부대를 열차에 태워 모건의 진지로 돌격했고, 모건 측도 폭력배 450명을 열차에 태워 내보냈습니다. 양측의 열차는 헤드라이트를 쏘아대며 상대 진영을 향해 돌진했고, 결국 영화의 한 장면처럼 충돌했습니다.

싸움은 열차 충돌 이후 벌어진 육탄전에서 총으로 무장한 모건 측이 피스크의 각목부대를 격파함으로써 끝이 났지만, 수많은 사상자가 발생했습니다. 굴드 측은 이사회에서도 철도회사 지배권 확보에 실패하자, 분노에 차올라 철로를 걷어내고 다리받침까지 헐어버렸습니다.

미국에서 주식회사 설립이 자유화된 것이 1830년이고, 1850년대 이후에는 미국 사회의 중요한 토대로 자리를 잡았건만, 19세기 후반의 기업인수전은 이렇듯 총알과 각목이 난무하는 서부영화의 한 장면 같았던 것입니다.

탐욕과 자선의 두 얼굴을 가진 록펠러

　　　돈 좀 된다 싶어 너도나도 벌떼처럼 몰려들기 시작하면, 기업들은 출혈을 무릅쓰고 상품가격을 내리게 되고, 그래서 결국 수익이 줄어드는 상황이 발생합니다. 이때 기업이 쓸 수 있는 가장 효과적인 방법은 수단과 방법을 가리지 않고 경쟁자를 먹어버리는 것입니다. 경쟁의 씨를 말려버리고 시장을 독점하는 것입니다. 야만적이긴 하지만 가장 확실한 방법입니다. 물론 독점의 피해는 고스란히 먹이사슬의 가장 밑바닥에 있는 소비자들에게 돌아가, 비싼 가격을 치러야 합니다. 가격 담합은 여기에 비하면 오히려 점잖은 편입니다.

　바로 전세계 백과사전에 전혀 어울리지 않는 두 이름, 즉 '독점의 화신'이자 '위대한 자선사업가'로 기록되어 있는, 인류역사상 최고의 부자 록펠러에 대한 이야기입니다.

　록펠러는 남북전쟁 기간에 오하이오주 클리블랜드에서 정유업을 시작한 지 몇 년 안 돼 클리블랜드에 50개의 정제소, 피츠버그에 80개의 정제사업장을 사들입니다. 무자비한 기업인수 밑천은 철도회사로부터 받는 리베이트였습니다. 이는 후에 카네기가 강철시장 독점을 위해 따라 써먹은 방법이기도 합니다.

　록펠러는 자신의 원유를 수송하는 대가로 철도회사에 파격적인 운임 할인을 요구합니다. 철도회사들은 가장 큰 고객인 록펠러에게 리베이트를 주는 대신, 농민 등 다른 고객들에게는 담합을 통해 운임을 인상합니다. 이는 채무에 시달리던 농민들이 조직화하는 도화선 가운데 하나가 되기도 했습니다. 서부와 남부의 농민들은 농산물 운반을 전적으로 철도에 의존했는데, 운임과 창고사용료가 지나치게 높게 책정되었던 것입니다. 같은 거리의 운임이 서부의 경우 동부나 북부의 네 배에 달했습니다.

록펠러는 "가정주부, 호텔 지배인, 병참 장교 가운데 고기를 가장 싸게 사는 사람은 과연 누구겠냐"면서 자신의 리베이트를 정당화했습니다. 병참 장교 같은 거대고객에 대한 상품가격 할인은 당연하다는 것입니다. 그러나 서민들은 어차피 꿈도 못 꾸는 수백만, 수천만 원짜리 핸드백도 아니고, 빈부에 상관없이 이용해야만 하는 공공재인 철도에 대한 리베이트는 결국 힘없는 사람들을 도탄에 빠뜨렸습니다.

록펠러는 1880년대 이후 미국 정유업의 90퍼센트를 지배하게 되는데, 그 수단이 바로 1882년 스탠더드오일트러스트를 만들면서 써먹은, 그 유명한 '트러스트(trust)'라는 것이었습니다. 십자군원정 시대에 원정길에 오른 기사들의 재산관리 방식을 떠올리면 이해하기가 쉽습니다. 기사들은 자신들이 전쟁에 나가고 없을 때 재산을 다른 사람에게 신탁, 즉 믿고 맡겨 관리하도록 했습니다. 이와 비슷하게 트러스트 협정에 참여한 기업의 주주들은 신탁회사에 의결권과 경영권을 넘겨주는 대신 이익을 분배받습니다. 소유권을 넘겨준 게 아니기 때문에 소유관계는 변하지 않지만, 사실상 경쟁회사들을 하나의 거대기업으로 합병하는 것과 다름없는 효과가 발생하는 셈입니다.

록펠러는 이 신탁회사를 관장하면서 석유트러스트를 지배했습니다. 그는 이를 통해 미국의 석유제품 판매가격을 통제하고 공급량을 제한하며 시장을 독점했습니다. 석유시장이 록펠러의 손에 의해 좌지우지되었다는 이야기입니다.

록펠러가 트러스트로 대성공을 거두자 위스키트러스트, 면실유트러스트 등 수많은 트러스트가 유행처럼 만들어졌습니다. 1890년대 초까지 5,000개 기업이 300개의 트러스트를 만들었습니다. 그 결과, 당시 미국에 있던 기업의 1퍼센트가 제조업의 33퍼센트 이상을 통제할 수 있게 되었습니다. 미국의 진보적 지식인 리오 휴버면(Leo Huberman)은 당시 독점이 경쟁을 대체한 과정을 이렇게 설명합니다.

권투에서 싸움 잘하는 큰 놈이 싸움 잘하는 작은 놈을 팬다는 말이 있다. 이 말은 사업에서도 입증된다. 두 회사가 어떤 사업에서 경쟁하고 있다. 한 회사가 상품가격을 낮춤으로써 다른 회사에 주먹을 날린다. 다른 회사는 가격을 더 낮추는 것으로 되받아친다. '더 낮은 가격'이라는 주먹이 어지럽게 오간다. 그 경쟁에서 누가 이길까? 최저가격으로 생산할 수 있는 기업이 유리하다는 것은 분명하다. 생산 규모가 클수록 생산비가 낮아진다는 것도 분명하다. 큰 놈이 유리하다는 이야기다. (……) 가격을 낮추면 큰 놈은 상처를 입지만 작은 놈은 정신을 차리지 못하고 비틀거리다 머지않아 완전히 쓰러진다. (……) 승자는 패자를 게걸스럽게 먹어치우고는 훨씬 커진 몸집으로 누구든 올 테면 오라는 식으로 기세등등하게 걸어나간다.

_ 리오 휴버먼, 《자본주의 역사 바로 알기(Man's Worldly Good)》

경쟁기업들을 끝없이 집어삼킨 록펠러의 탐욕은 경쟁사 기업가들은 물론 많은 미국인의 공분을 불러일으켰고, 이후 스탠더드오일은 미국인들이 가장 증오하는 기업이 되었습니다. 심지어 록펠러의 한 친구는 그에 대해 "다른 면에서는 모두 정상이지만 돈에 대해서는 비정상"이라고 말하기도 했습니다.

1902년 당시 명망있는 언론인이었던 아이다 타벨(Ida M. Tarbell)은 잡지 《매클루어(McClure)》에 스탠더드오일과 관련된 19가지 비리를 폭로하면서, "이 회사가 큰 배경에는 사기, 속임수, 특혜, 총체적인 불법, 뇌물, 탄압, 부패, 협박, 정탐, 폭력 등이 깔려 있다"고 고발했습니다.

또 록펠러는 시카고대학 설립에 6,000만 달러를 기부하는 등 지원을 아끼지 않았지만, 이 대학 학생들은 이런 노래를 지어 불렀다고 합니다.

존 D. 록펠러
그는 훌륭한 사람이다.
쓰다 남은 잔돈을 모두
시카고대학에 희사한다.

시카고대학이 당시 36세의 야심만만한 기업가형 총장을 임명해 높은 봉급을 미끼로 전국 대학의 유명한 인재들을 집어삼킨 것도 '설립자의 정신'과 무관하지 않았던 셈입니다. 막강한 재력을 밑천으로 미국의 지적 자본을 독점하려 한 것입니다. 교수들의 봉급도 철저히 대학을 얼마나 광고했느냐에 따라 결정되었습니다.

록펠러는 브라운대학 강연에서, 자신으로 하여금 엄청난 부를 독점할 수 있게 한 당시 미국 자본주의를 '곱게 핀 장미'에 비유하면시, 대연하게도 이렇게 말합니다. "꽃봉오리가 여러 개면 좋은 징미를 볼 수 없다. 곁가지를 잘라주어야 한다. 마찬가지로 산업에서도 곁가지치기를 나쁘다고만 할 수는 없다. 자연의 법칙이고 신의 섭리일 따름이다."

현재 가장 고난도 기업전략이라면서 최고의 인재들이 뛰어들고 있지만, 그 본질은 자연세계의 가장 유능한 사냥꾼인 늑대가 순한 양들을 사냥하는 것과 다를 바 없는 기업인수전의 전통도 바로 이 록펠러에서부터 다져진 것입니다.

통조림공장에서 자라는 아이들

다음 장의 사진을 한번 봐주십시오. 길게 늘어선 기계 사이에 긴장된 표정으로 서 있는, 어린 소녀는 공장에 놀러 왔다가 무심코 카메라 앞에 선 게 아닙니다. 실패가 쉼없이 돌아가고 쓰레기

루이스 하인의 사진 〈방직공장의 소녀〉(1913). 쓰레기가 뒹구는 방직공장에서 소녀들이 하루 열두 시간 일해 받는 돈은 고작 45센트였다.

가 뒹구는 이곳 방직공장은 이 소녀가 하루 열두 시간을 일하며 겨우 45센트를 받는 일터입니다.

다음 페이지에 있는 루이스 하인의 사진 〈통조림공장의 아이들〉 속에 뻣뻣하게 서 있는 아이들 역시 동네 골목에서 뛰어놀다가 우연히 카메라에 찍힌 것이 아닙니다. 통조림공장에서 고기를 써는 아이들입니다. 앞의 일곱 살짜리 비욘 해밀턴도, 그의 형인 뒤쪽 열한 살 조지도, 사진 왼쪽에 칼을 들고 선 랠프도 모두 손가락이 하나씩 잘려나가고 없습니다. 고기를 썰다 자기 손가락까지 썰어야 했던 이 아이들은 아침 7시부터 한밤중까지 하루종일 일을 해서 75센트를 벌었습니다.

19세기 후반에서 20세기 초반의 미국 노동자와 그 가족의 현실은, 이 사진을 찍은 미국의 저명한 다큐멘터리 사진작가 루이스 하인(Lewis W. Hine, 1874~1940)이 "말로 할 수 있을 정도라면 굳이 무거운 사진기를 들고 다니지 않았다"고 할 만큼 가혹했습니다.

기록에 따르면, 1900년경 미국에서는 200여만 명의 16세 이하 어린이가 공장으로 보내졌습니다. 10~15세 남자아이의 20퍼센트, 여자아이의 10퍼센트가 어른들과 다를 바 없는 중노동에 혹사당했습니다. 기계와 기술이 발전하면서 고용주들은 숙련노동자를 고용할 필요성이 점점 줄어들었습니다. 대신 어린이들은 기계의 좁은 틈새로 쉽게 들어갈 수 있었기 때문에, 이물질을 제거하고 기계 밑바닥의 먼지를 청소하는 데 효과적이었습니다. 가끔 졸기는 했지만 어른만큼 게으르지 않고 반항도 적었습니다. 그러니까 이 아이들은

루이스 하인의 사진 〈통조림공장의 아이들〉(1913). 아침 7시부터 한밤중까지 일해야 했던 통조림공장의 소년들은 고기를 썰다 자신의 손가락까지 썰곤 했다.

기계를 돌려서 물건을 만들고 있었던 게 아니라, 기계의 제물로 바쳐졌던 셈입니다.

루이스 하인이 1910년 펜실베이니아의 광산에서 찍은, 돌 깨는 아이들의 사진 밑에는 이런 문구가 적혀 있습니다. "먼지가 너무 많아 앞이 안 보일 정도였다. 이 먼지는 소년들의 폐 가장 깊숙한 곳까지 침투해 들어갔다. 감독관은 소년들 너머에 서서, 발로 차고 막대기로 찌르며 그들을 통제하고 있었다."

지금은 상상도 할 수 없는 이런 어린이 노동착취가 당시에는 오히려 아름다운 교육과정으로 묘사되고, 심지어 권장되기까지 했습니다. 코카콜라의 초대회장 아사 캔들러(Asa Candler)가 1908년 국제어린이노동위원회 회의에서 한 발언이 이를 단적으로 보여줍니다. "적당한 환경에서 적절하게 지도되는 어린이 노동은 지구상의 어느 나라에든 최고의 성공을 안겨줄 것으로 생각한다. 우리가 목격하는 가장 아름다운 광경은 일하는 어린이다. 보다 어린 나이에 일을 시작한 어린이일수록 그의 삶은 아름답고 유용해진다."

캔들러에 따르면, 어린이 노동은 사회를 발전시킬 뿐 아니라 어린이 자신에게도 삶을 가치있게 만들고 훌륭한 성인으로 성장할 수 있는 밑거름이 됩니다. 여기서 '훌륭한 성인'이란 당연히 부자를 말하는 것이고, '가치있는 삶'은 경쟁에서 이기는 것이며, 열 살도 안된 아이가 하루종일 공장에서 일하는 것은 이를 위한 최상의 교육이라는 이야기입니다.

록펠러가 엄청난 부를 축적할 당시, 그 이면의 미국인들의 삶은 이러했습니다.

"부자로 죽는 게 부끄럽다"던 부끄러운 카네기

　　당시 기업가들은 어린이건 어른이건 노동자들의 생활이나 작업환경에는 아예 관심이 없었습니다. 하루 열두 시간을 쉼없이 일해야 했고, 토요일과 일요일에도 혹독한 노동이 이어졌습니다. 1913년에만 25,000여 명이 작업장에서 죽어나갔습니다. 고용주에게 불만을 토로하기도 쉽지 않았습니다. 더 싼 임금의 수많은 이민자가 항상 대기하고 있었으니까요.

　1900년 무렵 노동자의 연간소득은 평균 400~500달러였는데, 당시 먹고사는 데 필요했던 최소한의 금액인 600달러에도 못 미쳤습니다. 가난하지 않은 노동자가 없었고, 신체 건강한 노동자 역시 거의 없었습니다.

　노동조합운동이 한때 거세게 일어나긴 했습니다. 그러나 자본과 노동 사이 힘의 관계는 늘 일방적이었습니다. 법과 권력은 언제나 자본의 것이었습니다. 악명 높기로 치면, 1892년 카네기의 펜실베이니아 홈스테드제강소 파업 진압이 대표적입니다.

　파업 전만 해도 카네기는 '노동자의 친구'로 자칭하면서, 노동자들에게 자신을 '앤디(Andy, 앤드루의 애칭)'라고 부르도록 했습니다. 웬만한 노동자들의 이름도 꿰고 있었고, 임금도 경쟁업체와 비슷한 수준은 유지했습니다. 그러나 카네기는 경쟁업체들을 합병한 직후, 일방적으로 임금을 삭감해버립니다.

노조의 반발이 심해지자 회사는 공장폐쇄 조치를 내렸고, 이에 노동자들은 공장을 점거합니다. 그러자 이곳 공장장이자 카네기의 동업자인 헨리 클레이 프릭(Henry Clay Frick)은 5킬로미터에 걸쳐 철조망을 두르고 공장을 고립시켜버립니다. 서치라이트를 설치하고 장총을 쏠 수 있도록 200여 군데에 구덩이까지 파놓았습니다. 그리고는 300명의 시설경비원을 투입했지만, 피 터지는 격전 끝에 오히려 사설경비원들이 포위되고 맙니다. 이 과정에서 열 명이 죽고 수백 명이 부상을 당했습니다.

결국 주지사가 800명의 주 방위군을 투입해 노동자 진압에 나서고, 회사 측은 당시 노조 가입이 금지돼 있던 흑인들을 고용함으로써 노조에 완패를 안깁니다. 노동자들의 자연발생적인 생존권 저항이 당국의 총부리 앞에서 무참히 짓밟히고 만 것입니다. 카네기가 결코 노동자의 친구가 아니고, 친구가 될 수도 없다는 것을 당시 노동자들에게 분명하게 각인시켜준 사건이었습니다.

물론 자비나 교양이라고는 전혀 찾아볼 수 없었던 미국 기업가들에게도 1890년대 이후 조금씩 변화가 일기는 합니다. 바로 기부를 통한 자선사업입니다.

록펠러는 1897년 은퇴한 후 자선사업에 몰두하면서 죽을 때까지 재산의 절반을 기부합니다. 카네기도 1919년 죽을 때까지 2,811개의 도서관을 짓고 7,689개의 교회에 오르간을 기부하고 대학을 짓는 등 평생 모은 재산의 9할을 기부합니다. 록펠러와 카네기가 세운 이런 기부의 전통은 '박애자본주의'라는 이름으로 현재 워런 버핏(Warren Buffett)과 빌 게이츠에게까지 이어지고 있습니다.

후세대들이 록펠러와 카네기가 과연 박애주의자였는지 아니면 탐욕의 돈벌레였는지, 자선사업으로 그 죄를 씻으려 했는지 아니면 덮으려 했는지, 단도직입적으로 자본주의의 천사였는지 아니면 악마였는지 가끔 헷갈리는 것도 바로 이 대목 때문입니다.

부자들의 기부가 '나는 다른 부자와 다르다'는 것을 보여주려는 일종의 '과시적 소비'라는 시각도 있습니다. 분명한 것은 부자들의 기부가 세상을 조금 덜 나쁘게 할 수는 있어도, 세상을 바꿀 수는 없다는 사실입니다.

루이스 하인이 〈방직공장의 소녀〉와 〈통조림공장의 아이들〉을 찍은 게 1913년입니다. 카네기가 〈부의 복음(The Gospel of Wealth)〉이라는 유명한 글에서, "부자인 채로 죽는 것은 정말 수치스러운 일"이라며 기부를 시작한 1889년부터도 무려 24년이 흐른 때입니다. 록펠러가 재계를 떠나 자선사업에 전념하기 시작한 1897년부터도 16년이나 지난 뒤입니다.

방직공장의 소녀를 원래 있어야 할 자리로 돌려보낼 수 있었던 계기는 루이스 하인의 사진 한 장이었지, 부자들의 자선이 아니었습니다. 오히려 야만의 시대를 개혁하려는 시도들을 억누르고 늦춘 이들이 바로 미국의 거부들이었습니다.

적자생존은 인간사회의 보편적 원리?

　　일곱 살짜리 소년에게 하루종일 통조림에 들어갈 고기를 썰게 하고, 임금삭감에 반대하는 노동자들에게 총을 들이대며, 경쟁기업을 빼앗기 위해 장총을 든 폭력배들을 동원하고, 사기업이 시장을 100퍼센트 가까이 독차지하는 야만의 시대는 그 시대에 어울리는 사상을 찾아 확산시키게 됩니다.

　정작 발원지였던 영국에서는 점차 외면을 당했지만 대서양 건너 미국에서는 열렬한 환영을 받은 사회진화론입니다. 영국의 철학자 허버트 스펜서(Herbert Spencer, 1820~1903)가 체계화한 사회진화론은 윌리엄 섬너(William Graham Sumner, 1840~1910) 예일대 교수에 의해 미국으로 수입돼, 마침 자신들의 이익추구를 정당화해줄 사상이 절실했던 미국 기업가들로부터 폭발적인 인기를 누립니다.

　뒤에 보겠지만, 야만의 시대가 끝나면서 쇠퇴했던 사회진화론의 전통은 이후 프리드리히 하이에크(Friedrich August von Hayek, 1899~1992)의 신자유주의를 통해 부활합니다.

　다윈의 진화론을 인간사회에 적용한 사회진화론은 자연의 법칙인 적자생존·자연도태를 통한 변화가 인간사회의 보편적 법칙이라고 주장합니다. 사회진화론에 따르면, '지금까지의 경쟁에서 어떻게든 살아남은 사람은 그렇지 못한 사람보다 더 적합하고 진보적인 존재'가 됩니다. 그래서 사회의 진보도 치열한 경쟁에서 살아남아 약자를 제치고 올라간 강자, 즉 자연적인 귀족이 사회를 지배하게 될 때 이루어진다고 합니다.

다시 말해, 인간들이 사회 전체의 발전을 의도하거나 계획하지 않더라도, 자연의 선택에 의해 최선의 상태에 이르게 된다는 것입니다. 이런 논리라면, 그 수단과 과정이 어떻든 강자와 부자는 자연선택의 산물이고 사회적으로도 이로운 존재가 됩니다. 따라서 정부가 개인들의 경제활동을 간섭하거나 새로운 사회를 위한 청사진을 제시하는 것은 사회 발전을 위해 바람직하지 않고, 오히려 위험하다고까지 주장합니다. 경제적으로는 바로 자유방임주의의 극단적 형태입니다. 이 정도면 당시 미국 부자들이 당연히 두 손 들고 환영할 만하지 않습니까.

그렇다면 선택을 받지 못하고 도태된 인간들에 대한 사회진화론의 태도도 어렵지 않게 짐작할 수 있습니다. 자연이 배제한 인간들은 발전 정도가 떨어지고 무언가 결함이 있는 존재이기 때문에, 가난은 있는 그대로 내버려두는 게 사회의 진보를 위해 바람직하다는 것입니다.

섬너가 "평등을 향한 열망은 질투와 선망의 소산"이라고 말한 것도 이런 논리에 기초한 것입니다. 그는 "자유가 있으면 어떤 사람은 그 기회를 열심히 활용해 득을 볼 것이고, 어떤 사람은 기회를 소홀히 하여 전부 날려버릴 것이다. 따라서 기회가 많을수록 이 두 부류의 자산은 더욱 불평등해진다. 정의와 이성의 관점에서 보아도 이것이 마땅하다"고 주장합니다. 가난한 사람을 구제하는 것은, 스펜서의 표현대로 '잡초 제거에 방해'가 될 뿐이라는 겁니다.

19세기 후반 사회진화론은 당시 부자들을 축재의 죄악감에서 해방시키고, 자신이 우성(優性)임을 확신하게 해주었습니다. 카네기는 스펜서의 사상에 대해 "빛이 모든 곳을 비추기 시작하니 어두운 곳이 없어졌다"고 호응하기도 했습니다. 사회진화론은 19세기 후반 미국 기업가들에게는 '이보다 더 좋을 수 없는' 이데올로기였습니다.

가난한 자들에게 통했던 부자이데올로기

부자들의 이데올로기였던 사회진화론이 당시 가난한 대부분의 미국인들에게도 널리 받아들여졌다는 사실은 언뜻 납득하기 어렵습니다. 그러나 스펜서가 1882년 미국을 방문했을 때, 그가 가는 도시마다 빈부에 상관없이 수많은 군중이 그를 환영했습니다. 그의 책은 1860~1900년 미국에서 약 50만 권이 팔렸는데, 지금으로 치면 수백만 권에 해당하는 셈입니다.

또한 피비린내 나는 노동운동의 역사에도 불구하고, 미국인들에게 더 널리 읽힌 책은 계급의식을 고취하는 것보다 오히려 부자들의 성공신화였습니다. 당시 미국인들은 《누더기를 입은 딕(Ragged Dick)》(1867)과 같은 허레이쇼 앨저(Horatio Alger, 1832~1899)의 소설에 열광했는데, 130권에 달하는 그의 책은 하나같이 밑바닥에서 출발해 근검절약과 성실함으로 부자가 되는 성공스토리입니다.

20세기 초까지 상위 200명의 기업가 가운데 실제 가난뱅이에서 부자가 된 사례는 카네기뿐이건만, 미국인들은 '아무리 어려워도 열심히 하면 성공한다'는 앨저의 메시지를 가슴 깊이 새겼습니다. 그의 책은 당시 2,000만 부 이상이나 팔렸습니다. 극심한 불평등과 가난에도 불구하고, 미국인들은 강자의 이데올로기에 저항하기보다는 오히려 마음을 열어 자기 것으로 내면화했던 것입니다. 여기에는 여러 가지 분석이 있습니다.

독일의 경제학자이자 사회학자인 베르너 좀바르트(Werner Sombart, 1863~1941)는 1906년 《왜 미국에는 사회주의가 존재하지 않을까 (Why is there no Socialism in the United States?)》에서, "어쨌든 먹고사는 게 나아졌기 때문"이라고 설명합니다. "커다란 로스트비프와 사과 파이를 먹는 자리에서 사회주의자들이 주장하는 유토피아는 설 자리가 없었다." 당시 미국의 대기업들은 먹고살기 위해 끝도 없이 몰려드는 수많은 이민자들에게 일자리를 주었고, 어쨌든 고향에서보다 나은 생활수준을 제공했으니까요.

프랑스의 지식인 에밀 부트미(Émile Boutmy, 1835~1906)는 '프런티어(frontier, 개척지)'라는 미국의 특수한 상황을 근거로 듭니다. 미국은 주인 없는 천혜의 자원을 사유화하기 위한 개개인의 무제한 경쟁을 바탕으로 만들어진 나라입니다. 사는 게 고달파도 훌쩍 떠나 새로운 삶을 시작할 수 있는 프런티어라는 기회가 늘 열려 있었습니다. 가난하고 착취에 찌든 동부 사람들은 서부라는 기회를 붙잡음으로써 현실의 고통에서 탈출할 수 있었습니다. '열심히 노력하

앨저의 소설책 표지. 극심한 불평등과 가난에도 불구하고 당시 미국인들은 강자의 이데올로기에 저항하기보다는 부자들의 성공신화를 그린 허레이쇼 앨저의 소설에 열광했다.

면 개천에서 용 날 수 있다'는 생각을 가지고서 말입니다. 부트미는 "미국은 민주주의 체제라기보다 방대한 대륙의 자원을 발견하고 개발하고 자본화하는 하나의 거대한 회사처럼 보인다"고 지적했습니다.

종교의 힘도 컸습니다. 미국은 중세 가톨릭과 봉건제를 거부한, '혁명적 신앙'이라고 할 수 있는 청교도들의 나라입니다. 그렇기 때문에 오히려 사회진화론이 더 쉽게 뿌리를 내릴 수 있었습니다. 청교도의 사상, 즉 칼뱅주의 신앙의 핵심은 예정설(predestination)입니다. 천국에 갈 사람과 지옥에 갈 사람은 미리 정해져 있어서 이를 바꿀 수 없습니다. 구원이 예정된 사람, 즉 선택된 자들은 경제적인 부를 쌓고 사회적으로 성공함으로써 유일신의 은총을 세계에 널리 퍼뜨리는 사명을 다해야 합니다. 이 때문에 칼뱅주의는 근면과 검소 같은 미덕에는 재부(財富)가 따르고, 게으름과 낭비 같은 악덕에는 가난이 따른다고 가르칩니다. 이런 교리는 개인주의적 성공을 미화하는 사회진화론과 동전의 양면을 이룹니다.

당시 유명한 설교사로서 허버트 스펜서와 천국에서의 재회를 약속했다는 헨리 워드 비처(Henry Ward Beecher, 1813~1887) 목사는 "빈곤은 도덕적 타락의 산물"이라면서 노동조건 개선에 반대했고, 1877년 철도총파업 때는 무력 사용을 주장하기도 합니다. 지금도 미국인들의 사고 속에 잠재돼 있는 이런 칼뱅주의 신앙 덕분에 당시 사회진화론은 거침없이 꽃을 피울 수 있었습니다. 모건이 "나는 대중에게 신세진 것이 하나도 없다"고 내놓고 이야기할 수 있었던 것도, 대중들이 "억울하면 나도 노력해서 출세하자"며 모건의 성공을 받아들였던 것도 모두 이와 같은 종교적 신념 때문이었습니다.

우리 마음속의 사회진화론

사실 다른 사람을 눌러 이긴 강자가 사회의 진보를 일군다는 사회진화론의 적자생존 원리는 다윈의 진화론과는 거리가 있습니다. 일단 '적자생존(the survival of the fittest)'이라는 표현 자체가 다윈의 것이 아니라 사회진화론의 것입니다.

다윈이 주장한 핵심은 "환경에 잘 적응해서 유리한 변이를 가진 개체가 자연선택을 통해 생존하고 그렇지 못한 종은 도태되며, 모든 변화는 적합한 유전인자(gene)가 서로 영향을 미치면서 끊임없이 '진화'하는 과정"이라는 '자연선택(natural selection)' 이론입니다. 여기서 유리한 변이를 가진 개체가 반드시 만인에 대한 투쟁에서 이긴 최강자(the strongest)도 아니며, 진화의 과정이 반드시 더 나은 방향으로 가는 진보도 아닙니다.

앞서 하이에크의 신자유주의가 사회진화론을 부활시켰다고 말한 바 있습니다. 우리 현실을 돌아보면, 스펜서의 사상이 100년도 더 된 낡은 이야기가 아님을 어렵지 않게 확인할 수 있습니다. '적자생존'이라는 직접적인 표현이 아니더라도, "일등만이 살아남는다"는 식의 이야기 말입니다. "평등에 대한 열망은 질투의 소산"이라는 표현을 꼭 동원하지 않더라도 "억울하면 돈벌어 출세하라"는 식의 이야기들 말입니다.

존 갤브레이스(John K. Galbraith, 1908~2006) 교수는《불확실성의 시대(The Age of Uncertainty)》에서, "누구도 스펜서나 섬너가 단순히 과거의 유물이라고 생각해서는 안 된다. 그들은 아직도 부자들의 마음에 영향을 미쳐 거지에게 자선을 베푸는 행위를 억제시키고 있다"고 경고했습니다.

그런데 한 꺼풀 더 뜯어보면, 우리 자신 역시 이런 이야기들을 서슴없이 하고 있다는 사실을 발견하게 됩니다. 이미 우리 스스로 사회진화론의 사상을 마음 한구석에 큼지막하게 깔고 있는 것입니다. 술 한잔 걸치면 보수정치인에 대해 그렇게 씹어대면서도, 술 깨고 집에 돌아올 때는 '죽기살기로 자식들 공부시키고 돈벌어야지' 다짐하며 보수적인 사상에 흐물흐물 무장해제되고 맙니다.

정치는 비판하면서 우리 마음속의 이데올로기는 그냥 내버려두고 있습니다. 우리가 19세기 후반 미국인들처럼 먹고사는 데 감격할 만큼 절대빈곤에 처한 것도, 모두가 한꺼번에 몰려가도 걸려 넘어지지 않을 만큼 드넓은 '프런티어'라는 출구가 있는 것도 아닌데 말입니다.

게다가 우리나라 종교는 현실에서 십자가를 지는 노력도 없이 복을 달라고 매달리는 기복(祈福) 신앙이 많은 게 사실 아닙니까.

오히려 야만의 시대 한복판에 살면서 야만의 본질을 신랄하게 파헤쳤던 소스타인 베블런(Thorstein Bundle Veblen, 1857~1929)의 분석이 100년이 지난 지금 우리에게 의미심장합니다. 베블런은 소유의 시작과 함께 유한계급(有閑階級, leisured classes)이 출현했다고 설명합니다.

사냥이나 채집 위주였던 미개한 시대에는 사적 소유의 개념이 없었습니다. 강한 연대감 없이는 살아남을 수 없었습니다. 그러나 농경사회가 정착되고 먹고사는 데 필요한 수준을 넘어서는 잉여생산물이 발생하면서 이기심이 행동원리가 되는 약탈이 시작됩니다. 이런 약탈과정의 승자가 바로 유한계급인데, 이들은 고된 생산활동은 하지 않고, 명예가 따르는 일이나 스스로 유한계급임을 과시하는 비생산적인 소비를 주로 합니다.

유한계급은 힘과 기만을 통해 질서를 구축하고 지배합니다. 핵심적으로는 가정과 학교, 기업, 언론, 종교, 정치라는 문화 속에서 우리의 사고와 감정, 행동, 삶을 조직하는 방식인 제도를 통해 사회적 권력을 행사합니다. 그래서 베블런의 초점은 문화와 제도에 권력이 어떻게 사용되고 있느냐 하는 것입니다.

그렇다면 유한계급과 그렇지 않은 계급 간의 적대적 관계는 어떤 모습을 띨 것인가 하는 문제가 남습니다. 베블런에 따르면, 하층계급은 상층계급에 칼을 겨누지 않습니다. 노동자들은 자본가들을 없애려고 하지 않습니다. 그들 자신의 이익에 맞는 다른 사회를 만들기 위해 스스로를 적극적으로 조직화하지 않는다는 이야기입니다. 대신 상층계급을 모방하고 흉내내고자 합니다. 노동자들은 기업가들이 하는 일보다 자신들의 일이 근사하지 않다는 평가를 받아들입니다. 그래서 그들의 목표는 상층계급을 제거하는 것이 아니라, 그 지위로 올라가는 것입니다.

혁명의 전운이 감돌던 대공황 때도 극빈자를 제외한 대부분의 노동계층이 사치품 소비를 줄이기에 앞서 음식과 의복 소비를 먼저 줄였다는 분석이 이를 뒷받침합니다. 우리가 덜 먹고 덜 입어도 아이들 학원은 쉽게 끊지 못하듯 말입니다. 그래서 대중소비사회에서는 하류계층이 상류계층의 과시적 소비에 적대감을 느끼기보다는 오히려 그 생활방식을 모방하고 따르고자 하는 과정에서 역설적으로 사회가 안정을 이룬다는 것입니다. 베블런을 오래 연구해온 원용찬 전북대 교수의 부연설명은 이렇습니다.

하층계급이 상층으로 오르려는 모방경쟁은 마치 연어가 폭포를 거꾸로 타고 올라가는 모습과 비슷하다. 하류계층은 상층에서 유행하는 과시적 소비 행태를 폭포수로 삼아 올라가려 한다. (……) 주체 상실의 시대에 과시적 소비 행태는 더 이상 유한계급만의 존재론적 행위가 아니다. 모든 사람이 상품의 기호 이미지를 과시적으로 소비하면서 존재감을 허구적으로 확인하려 한다. 타자를 모방하고 좇으며 자신의 소외와 불안을 애써 외면하려는 고독한 군중들이 현대사회의 군상이다.
_ 원용찬, 《유한계급론―문화·소비·진화의 경제학》

비판하면서도 되고 싶어 하고, 자신의 진정한 존재감은 외면하면서도 타인의 과시된 존재는 따라하고 싶어 하는 우리의 뒤엉킨 심리구조. 이것은 유한계급이 제도와 문화를 통해 강제하고 설득하는 사회적 권력이라는 것과 함께, 지금 우리가 사회진화론의 살벌한 대목을 순순히 받아들이고 있는 상황을 상당히 설득력 있게 설명해주고 있음에 틀림없습니다. 이렇게 보면 우리도 직접 칼을 들고 들어가 강탈한 주범은 아니지만, 최소한 망을 봐주고 턴 물건을 일부 나눠가지는 종범인 셈입니다.

그러나 뒤집어보면, 먹고살고 소비하는 문제를 넘어 새로운 인간적 기능성에 우리의 생각과 삶을 집중한다면 대안과 희망을 찾을 수 있다는 이야기이기도 합니다. 베블런이 "보다 나은 다른 사회를 추구하는 이들은 정치경제적인 문제에 초점을 맞춰 노력하는 것만으로는 충분하지 않을 것"이라고 지적한 것처럼 말입니다.

자유가 뭔지 모르는 자유주의의 역사

'자유주의(liberalism)'라는 말을 들으면 '어용'의 이미지가 연상될 때가 많습니다. 우리나라에서는 자유주의라는 것이 독재자들의 반공주의 통치 이데올로기로 이용되어온 탓입니다. 그래서 많은 국민이 무의식중에 더 좋은 사회는 자유주의와는 다른 것일 거라는 생각을 해왔습니다. 자유를 억압하기 위해 자유주의를 들이대온 역사를 돌이켜보면 이런 비호감은 당연한 결과겠지요.

그런데 요즈음 진보지식인들 사이에서 자유주의의 진면목을 다시 평가해야 한다는 논의가 제기되고 있습니다. 그래서 해병전우회도 '자유주의 수호', 진보 측도 '자유주의 수용'을 이야기하는 상황이 벌어지고 있습니다. 자유주의라는 것이 반동의 성격도, 진보의 성격도 동시에 가지고 있기 때문입니다.

자본주의 역사는 사상적으로는 자유주의의 역사입니다. 그래서 야만의 시대에서 출발해 죽음의 계곡에까지 이른 역사를 살펴보는 과정은 자유주의의 역사, 역사적 자유주의를 살펴보는 과정이기도 합니다. 자유주의의 장구한 역사를 돌이켜보면, 사회진화론은 원래의 자유주의 즉 고전적 자유주의(classical liberalism)를 좀더 극단으로 밀어붙인 자유주의의 한 지류입니다.

원래 자유주의는 혁명의 논리였습니다. 영국의 청교도혁명(1640~1660), 미국의 독립전쟁(1775~1783), 프랑스의 대혁명(1789~1794) 등 절대군주제의 전통적 신분사회와 중상주의 체제를 타파하기 위한 시민계급의 저항이념이었습니다.

이 시민계급의 주도층은 신흥 중소상공업 세력, 즉 부르주아들입니다. 전통적 신분사회를 철폐하기 위해 이들은 군주제와 사회적 차별에 반대하는 만인평등 사상, 개인의 권리와 책임을 강조하는 개인주의, 사상과 언론의 자유 등 정치적 자유주의를 이념으로 제시합니다. 이들은 절대군주의 횡포를 막기 위해 법으로 국가권력을 제한하는 법치주의와 시민들이 국정에 참여할 수 있는 민주주의를 주장했는데, 이 법치주의와 민주주의가 정치적 자유주의를 실현하기 위한 사회적 제도들입니다.

정치적 자유의 혜택은 처음에는 주로 유산계급에게 돌아갔지만, 이후 무산계급에게도 퍼집니다. 나아가 정치적 자유는 무산계급을 성숙시키면서 유산계급을 견제하고 제어하는 역할을 하기도 합니다. 자유주의의 진보적 성격은 여기에 기인하는 것입니다.

한편 시민계급은 중상주의 체제에 반대하면서 서민들의 자유로운 경제활동을 주장하는데, 이는 경제적 자유주의입니다. 중소상공인이었던 부르주아들은 정부의 간섭과 규제를 철폐하고, 자유로운 경제활동이 보장되는 경제적 자유주의를 주장합니다.

'자유주의'라 함은 이와 같은 정치적 자유주의와 경제적 자유주의를 모두 포괄하는 것입니다. 다시 말해 '시민권'과 '사유재산권'이 자유주의의 핵심이념입니다. 그런데 여기서 자유주의를 근원적으로 출범시킨 쪽은 실은 사유재산권입니다. 자유주의가 자유와 정의, 천부인권, 동의에 의한 통치 등을 내세운 근대의 시민정신이기도 했지만, 더 근본적으로는 자기 재산을 침해받지 않고 자유롭게 사용할 수 있도록 하자는 유산자들의 사상이었다는 것입니다.

존 로크(John Locke, 1632~1704)를 거쳐 애덤 스미스(Adam Smith, 1723~1790)에 이르러서는 산업혁명을 배경으로 자유주의 경제사상으로서의 고전적 자유주의가 명확하게 제시됩니다. 스미스의 사상은, 사유재산권이 잘 확립되어 있으면 자신이 노력해서 얻은 재산을 국가 등으로부터 안전하게 지킬 수 있고, 공정한 규칙에 의한 충분한 경쟁이 보장된다면 '보이지 않는 손'에 의해 합리적인 질서가 저절로 생겨날 수 있다는 것입니다. 개인들이 의도하지 않더라도 개인들의 이익추구가 사회 전체의 이익으로 귀결된다는 이야기입니다. 시장이 개인들의 이기심을 사회의 물질적 진보에 이바지하도록 유도하기 때문에, 정부가 개인의 경제활동을 관리하는 등의 개입은 바람직하지 않다는 것입니다. 그래서 스미스의 사상은 정부의 역할을 국방과 법의 집행에 국한하는 자유방임주의입니다.

그러나 자유방임이라고 해서 완전히 풀어놓자는 것은 아닙니다. 스미스는 국가 개입을 최소화해야 한다는 자신의 주장에 단서를 달았습니다. 정부는 정의로운 법에 입각한 공정한 규칙을 확립하고, 사회기반 시설이나 공교육 같은 공공사업에 투자해야 한다고 말입니다. 또 공장의 강압적이고 지독히도 단조로운 노동조건을 개선하기 위한 조치를 취하지 않으면 영국이 생각 없는 로봇들의 나라가 될지 모른다고 걱정하기도 했지요. "평생 한두 가지 단순한 작업만 해온 사람은 (……) 그가 가진 지적 능력을 발휘할 기회가 없고 (……) 따라서 의사표현 성향을 아예 잃어버리게 되어 가장 멍청하고 무지한 존재가 된다"고 말입니다.

반면 사회진화론의 선구자 스펜서는, 크게 보면 고전적 자유주의의 틀 안에 있으면서도 이런 단서조항들에 연연하지 않습니다. 자유방임을 극한까지 밀고 올라갑니다. 그는 《사회정학(Social Statics)》에서, "정부가 빈민구제나 사회복지 등을 이유로 생존경쟁과 적자생존의 자연질서를 방해하게 되면, 열등한 사회구성원을 도태시키는 정화과정이 작동하지 않아 사회의 진보가 이루어지지 않는다. 따라서 정부는 국방과 치안질서를 유지하는 최소한의 역할만 해야 하고, 그런 '야경(夜警)'의 수준을 넘어서는 일들을 해서는 안 된다"
고 주장합니다. 스미스가 보이지 않는 손에 의한 조화를 강조한 반
면, 스펜서는 우량한 사회구성원이 살아남는 적자생존 질서의 유지
를 강조한 점으로 미루어보면 당연한 논리적 귀결입니다.

　이렇듯 야만의 시대에는 코끼리에게 아무런 자유도 주어지지 않
습니다. 잘 훈련되어 조련사가 시키는 대로 링도 돌리고 갖가지 재
주를 펼쳐 보이지만 겨우 배고픔을 면할 뿐입니다. 자유가 무엇인
지도 모른 채 그지 하루하루의 삶을 이어갈 뿐입니다.

3장

타협

마당을 나온 암탉

암탉은 알을 품고 싶었다.

어서 빨리 양계장을 나가

자신의 알을 꼭 품어

새끼와 나란히 걸어보고 싶었다.

꼬박꼬박 제시간에 주어지는 먹이는 없을 것이다.

매서운 눈보라가 덮치고

차가운 비바람이 몰아칠 것이다.

그래도 좋다.

나는 암탉이다.

알을 품어야 암탉이다.

나의 새끼는 자유롭게 살게 할 것이다.

그러나 주인공은 단 한 마리의 암탉이다.

다른 수많은 암탉은 마당 밖 세상에 대한 꿈조차 없었다.

평생의 시간을
팔아넘기고 얻은 보금자리

혹시 《마당을 나온 암탉》이라는 동화를
읽어보셨는지요. 양계장의 암탉은 알을 품을 수도, 설령 알을 품더
라도 새끼를 깔 수 없습니다. 그런 양계장에 살면서도, 단 한 번만
이라도 직접 알을 품고 새끼를 까서 나란히 걸을 수 있기를 꿈꾸는
한 암탉의 이야기입니다. 내면 깊숙한 곳에서 우러나오는 자신의
꿈을 확인하고, 자기 삶의 주인이 되기 위해 죽음도 초월해버리는
암탉의 용기는 정말 감동적입니다. 아이들을 위한 책이지만 아이들
만 읽히기에는 아까운 책입니다.

주인공 암탉이 뛰쳐나오고 싶었던 곳은, 알을 품겠다는 꿈만 잊어
버리고 산다면 더할 나위 없이 배부르고 안전하며, 적어도 '폐계(廢
鷄)'가 될 때까지는 미래가 보장되는 곳이었습니다. 그래서 다른 모
든 암탉은 양계장 철망을 뚫고 탈출하려 하지 않았습니다.

자본주의 역사에도 이런 시절이 있었습니다. 자기 자신의 내면에서 우러나오는 자율성과 주체성에 대한 꿈만 잊고 산다면, 풍족하고 불안하지도 않으며 조용하고 평화롭고 여유도 있었던 시절 말입니다. 그래서 대부분의 사람들은 굳이 그 너머를 꿈꾸려 하지 않았습니다. 역사가들은 이 시절을 '타협의 시대'라 부릅니다. 바로 죽음의 계곡으로 향하는 열차의 직전 경유지입니다. 자본주의의 낭만도 많이 사라졌지만 그 이상으로 야만이 사라지면서 나쁜 옛것보다 좋은 옛것이 더 많았던 시대입니다.

우리가 두 번째로 살펴볼 시기는 20세기 중반입니다. '자본주의의 황금기', '풍요한 사회', '중산층의 시대', '복지국가' 등 각종 넉넉한 말들로 불리는, 제2차 세계대전 이후부터 1970년대 중반까지의 미국입니다. 폴 크루그먼이 향수에 젖어서 그때의 정신으로 돌아갔으면 하는 아버지 세대의 시대이자, 《부유한 노예(The Future of Success)》라는 책으로 유명한 로버트 라이시(Robert Reich) 전 미국 노동부 장관이 '민주주의적 자본주의'를 소망하면서 그 원조로 지목한 시대입니다. 라이시는 그 시대를 이렇게 요약합니다.

사무직 노동자들의 보수는 개인적 노력보다 근무기간에 더 많이 의존했고, 생산직 노동자의 임금체계 역시 연공서열제였다. 노동자들은 주택대출과 자동차대출을 받으면서 반드시 갚을 수 있다는 믿음을 가졌고, 젊은 세대의 주택과 자동차는 나이가 들면서 더 좋은 것으로 교체되었다. 직원들은 같은 회사에서 40년 정도 근무한 후에, 65세가 되면 대개 금시계나 넥타이핀과 약소하지만 예측이 가능한 기업연금의 보장을 받으면서 은퇴했다. 은퇴자들은 친구들과 카드놀이를 하고 손주들을 보면서 지내다가, 완전히 예측 가능한 삶을 살았다는 안도감과 함께 조용히 눈을 감았다. (……) 미국 중산층의 번영과 성장은 민주주의적인 자본주의의 위대한 승리 가운데 하나였다.

_ 로버트 라이시, 《슈퍼자본주의(Supercapitalism)》

이처럼 타협의 시대에는 큰 부자가 된 사람은 별로 없지만, 절대 다수의 미국인이 전보다 더 잘살게 되었습니다. 비록 혁신은 덜됐지만, 개개인의 삶의 스케줄은 대개 예측 가능했고, 지금과 같은 절박함이나 불안의 흔적도 없었습니다. 성공에 이르는 비밀이 어디 붙어 있는지 몰라 발을 동동 구를 필요도 없고, 언제 뱀사다리를 밟고 미끄러져 내려올지 몰라 가슴을 졸일 필요도 없었습니다. 적당한 노력만 기울이면, 호사스럽지는 못해도 남들 부럽지 않을 만큼은 대부분 살았습니다. 크루그먼의 표현을 빌리면, 모두가 물질적으로 풍요로운 생활을 할 수 있어서, 이웃들이 사는 모습은 마치 캐딜락(Cadillac)과 쉐비(Chevy, 쉐보레의 애칭)처럼 비슷했습니다.

우리나라도 이와 비슷한 시대가 잠시 있었습니다. 물론 '풍요'라고 하기에는 함량 미달이었고, '복지'라고 하기에는 민망할 정도였지만 모양새는 얼추 비슷했습니다. 1987년부터 1997년 외환위기 이전 한 10여 년입니다.

그러나 "풍요함은 분별력의 냉혹한 적"이라던 갤브레이스의 지적대로, 이 시대를 향한 향수의 이면에는 그리워하기에는 거북한 '팩트'가 숨겨져 있습니다. 바로 순종과 길들여짐입니다. 숨막히는 노동규율을 완전히 체화한, 규격화된 심리구조의 새로운 인간형입니다. 그 시대 사람들은 예측 가능한 삶을 얻은 대신, 관료주의의 규율이 지배하는 단조로운 업무에 자신의 시간 대부분을 팔았습니다. 물질적 소비를 얻는 대신 창조하는 본능을 내주고, 그래서 풍요와 영혼을 맞바꾸게 됩니다.

당시 수십 년간 미국인들에게 새겨진, 그래서 결국 전세계인들의 가슴에 새겨진 '새로운 인간형'이라는 주홍글씨가 얼마나 강렬하고 내면 깊숙한 것이었는지는, 그 새로운 인간형이 낡은 인간형이 되고 더 새로운 인간형을 요구받게 되었을 때의 충격이 얼마나 컸는지를 보면 알 수 있습니다. 영국의 기업경영 전문가이자 사회철학자인 찰스 핸디(Charles Handy)는 《코끼리와 벼룩(The Elephant and the Flea)》에서 이렇게 말합니다.

평생의 시간을 회사에 팔아넘기고 그 대신 평생의 고용을 보장받는 그런 형태의 직장문화는 앞으로 점점 사라지게 될 것이다. 나는 내가 입으로 가르쳐온 것을 몸으로 실천해야 한다고 결심했다. 대기업의 보금자리를 떠나 나 혼자 바람찬 들판에서 풍찬노숙하는 것이 무엇인지 직접 느껴봐야 한다고 생각했다. 20세기 고용문화의 큰 기둥이었던 대기업, 그 코끼리들의 세계에서 벗어나 벼룩처럼 나 혼자 힘으로 살아가야 한다고 말이다.

핸디가 코끼리를 때려치운 건 1981년, 그러니까 대처 총리가 한 손에는 하이에크의 책을, 다른 한 손에는 공권력을 쥐고서 노조를 해체하기 시작한 바로 그 시기입니다. 핸디에게 풍요한 시대의 끝은 바람찬 들판에서의 풍찬노숙과 같은 것이었습니다. 그런 시기를 보낸 핸디는 2009년 《정신의 빈곤(Hungry Spirit)》에서 이렇게 말합니다. "우리는 스스로 지어낸 돈의 신화에 갇힌 수인(囚人)이 되었다. 고차원의 굶주림은 단순히 저차원의 굶주림의 연장이 아니라 완전히 다른 것일 수 있다."

풍찬노숙의 30여 년 동안 핸디는 무엇을 보았기에 고차원의 굶주림을 이야기하는지, 그것은 다음 장부터의 주제입니다. 이 장에서는 핸디가 왜 타협의 시대를 가리켜 '평생의 시간을 팔아넘긴 보금자리'라는 부정과 긍정의 모순된 어법을 구사했는지를 살펴볼 것입니다. '보금자리'라는 좋은 옛것이 어떻게 만들어졌는지, '평생을 팔아넘겨야' 했던 나쁜 옛것은 또 어떻게 정착되었는지 말입니다.

도살장에서 아이디어를 얻은 헨리 포드

헨리 포드(Henry Ford, 1863~1947)는 타협의 시대를 이해하는 키워드입니다. 타협의 원천과 새로운 인간형의 정체를 밝히는 열쇠입니다. 포드는 아시는 대로 자동차 대중화 시대를 열었습니다. 1903년에 자동차회사를 설립한 그는 1908년 그 유명한 '모델

T'를 내놓으면서 이렇게 선언합니다. "나는 수많은 미국인을 위한 자동차를 만들 것이다. 적당한 봉급을 받는 사람이면 누구나 구입해서, 신이 내려주신 드넓은 공간에서 가족과 함께 즐거운 시간을 보낼 수 있게 할 것이다." 825달러짜리 이 자동차는 사치품이던 자동차를 일거에 생활필수품으로 만들어버립니다. 차값은 이후 290달러까지 떨어집니다.

이처럼 저렴한 차값은 대량생산 덕분에 가능했고, 대량생산은 컨베이어벨트로 연결된 조립라인을 역사상 최초로 산업에 도입해 생산성을 급속히 향상시켰기 때문에 가능했습니다. 1914년 포드사는 260,720대의 자동차를 만들어내기 위해 노동자 13,000명을 고용한 반면, 미국의 나머지 299개 자동차회사는 286,770대를 만들어내기 위해 66,350명의 노동자를 투입했습니다. 포드사의 생산성이 거의 여섯 배나 높았던 셈입니다.

포드사의 이런 생산성 향상 비결은 도살장을 떠올리면 쉽게 이해가 됩니다. 포드가 실제로 컨베이어벨트라는 아이디어를 얻은 곳도 소나 돼지를 잡던 도살장이었습니다. 훗날 포드의 회고에 따르면, 그는 시카고의 한 도살장에서 궤도장치에 거꾸로 매달린 소의 몸통이 쭉 늘어서 있는 노동자들 앞으로 차례차례 이동하면서 부위별로 고기가 발라지는, 극히 '효율적인' 도살 장면을 보면서 영감을 얻었다고 합니다. 포드사의 노동자들은 도살장의 노동자들처럼 자리를 잡고는 하루종일 그 자리를 벗어나지 않습니다. 포드의 말대로 "왔다갔다하는 것은 보수가 따르지 않는 행위"이기 때문입니다.

루이스 하인의 사진 〈포드공장의 컨베이어벨트〉(1913). 포드가 도살장에서 영감을 얻어 자동차 제조 과정에
도입한 컨베이어벨트 앞에서 노동자들은 똑같은 동작을 매일 3,000번 이상 되풀이했다.

대신 컨베이어벨트를 따라 조립물이 움직이고, 노동자들은 각각 한 가지 조작만, 때로는 두세 가지 조작만 수행합니다. 운전대 조립을 예로 들어보면, 이전에 노동자 한 사람이 다 맡아서 했을 때 하나를 조립하는 데 25분이 걸렸지만, 작업을 분담하면서 13분밖에 걸리지 않았습니다. 이어 컨베이어벨트 돌아가는 속도와 노동자들의 작업속도를 높이자 5분으로 줄어들었습니다. 25분에서 5분으로, 생산성이 다섯 배나 상승한 것입니다.

포드는 1910년 4층짜리 하이랜드파크(Highland Park)를 지었는데, 이 공장은 당시로서는 혁명에 가까운 것이었습니다. 작업이 위층에서 아래층으로 쭉 이어지도록 설계가 되었습니다. 4층에서는 차체가 만들어지고 3층에서는 바퀴에 타이어가 부착되면서 차체에 페인트가 칠해집니다. 2층에서 모든 조립이 끝난 자동차가 경사면을 따라 1층으로 내려와 최종검사를 받는 시스템이었습니다. 포드는 나중에 "아무리 우둔한 사람도 이틀이면 그 공정을 배울 수 있었다"고 말했습니다. 실제로 1926년 포드공장 종업원의 80퍼센트는 훈련기간이 채 일주일도 걸리지 않았습니다.

그러나 포드공장의 노동자 대부분은 그런 단순반복 작업에 적응하기가 쉽지 않았습니다. 예를 들어, 운전대를 만드는 노동자들은 10초마다 똑같은 동작을 반복해야 했습니다. 하루 아홉 시간 노동으로 치면, 매일 똑같은 동작을 3,000번 이상 되풀이했다는 이야기입니다. 1913년에는 15,000명의 노동자를 확보하기 위해 53,000명을 모집해야 할 정도로 이직률이 높았습니다. 하루종일 나사만 조

찰리 채플린의 영화 〈모던타임스〉(1936)의 한 장면.
기계 속으로 빨려들어갈 듯한 채플린의 모습은 우스꽝스러우면서도 섬뜩하다.

이는데, 로봇이 아니고서야 누가 적응할 수 있었겠습니까.

찰리 채플린(Charles Spencer Chaplin)의 영화 〈모던타임스(Modern Times)〉(1936)를 떠올려보십시오. 채플린은 포드가 최초로 도입한 바로 그 컨베이어벨트가 돌아가는 공장에서 하루종일 선 채로 나사못 조이는 일을 합니다. 몸집이 두 배나 큰 어깨들을 골탕먹이는 재미있는 장면도 기억나겠지만, 그냥 웃어넘기기에는 너무나 소름 끼치는 장면들도 떠오를 겁니다. 사장이 노동자들의 점심시간도 아까워 밥 먹여주는 기계를 도입하려고 한 장면이나, 왜소한 채플린이 사람도 잡아먹을 듯한 기계에 빨려들어가는 그런 장면 말입니다.

포드의 공장이 거의 그랬습니다. 포드가 왜 그렇게 노조를 싫어했는지 좀 이해가 가지 않습니까. 미국의 자동차 빅3(포드, GM, 크라이슬러) 가운데 노조가 가장 늦게 만들어진 곳이 포드사입니다. 노조가 있으면 기업주가 조립라인이나 기계의 속도를 일방적으로 결정하기가 어렵습니다. 작업속도를 둘러싸고 노조와 협상을 해야 하니까요. 〈모던타임스〉의 한 장면처럼 말입니다.

세상을 떠들썩하게 했던 '5달러짜리 하루'

그래서 나온 것이 바로 당시 세상을 떠들썩하게 했던 '5달러짜리 하루(Five Dollars Day)'였습니다. 포드는 1914년 1월 1일부터 노동시간을 아홉 시간에서 여덟 시간으로 줄이고, 임금은 일당 5달러로 인상했습니다. 당시 동종업체의 평균임금이 2.34달러였으니 두 배를 지급한 셈입니다. 발표 직후 포드공장의 종업원 모집 사무소 앞은 차례를 기다리는 행렬로 장사진을 이뤘습니다.

포드는 노동자들의 일당을 1919년에는 6달러로, 1929년에는 9달러로 올립니다. 그러자 《월스트리트저널》 등의 보수진영에서는 '경제적 범죄'라고 비난하면서 포드를 '사회주의자'라고 몰아붙이기도 했지만, 당시 그에 대한 평가는 '인도주의자'라는 찬사가 대세였습니다. 아이들이 보는 위인전 저자들이 "포드는 노동자들과 사회에 봉사하는 경영이념을 세운 위인"이라고 치켜세울 수 있는 것도 바로 이런 일들 때문입니다.

그러나 포드는 결코 사회주의자도, 인도주의자도 아니었습니다. 그 자신도 "하루 여덟 시간의 임금을 5달러로 정한 것은 내가 취한 조치 가운데 가장 '경제적인' 결과를 얻었다. 그런데 이를 6달러로 올리면서 나는 더욱 '경제적인' 결과를 얻었다"고 회고하기도 했습니다. 여기서 '경제적'이라는 말은 물론 '최소한의 비용으로 최대한의 효과'를 거뒀다는 의미입니다. 다시 말해, 최소한의 임금으로 노동자들을 가장 효과적으로 부렸다는 뜻입니다.

크루그먼이 "자본주의 낭만의 마지막 영웅적 기업가"라고 칭한 포드에게는 실은 역사상 노동자들을 가장 효율적으로 '짜낸' 기업가라는 칭호가 가장 정확할 겁니다. 이는 포드가 임금을 5달러로 인상하면서 내세운 '5달러짜리 하루'를 받을 수 있는 조건에서 잘 드러납니다. 가장 중요한 조건은 건장한 신체도 유경력자도 아니고 바로 '올바른 윤리관'이었습니다. 술 마시지 말고 담배 피우지 말고 도박하지 말 것, 청결하고 경건하게 생활할 것 등의 도덕적인 조건이었습니다.

당시 대공장제가 확산됐다고는 하지만 아직은 적당히 한눈팔면서 뚝딱뚝딱 조립하던 시절이었습니다. 그래서 '5달러짜리 하루'는 인도주의적 조치가 아니라, 노동자들을 컨베이어벨트형으로 완전 개조하는 프로젝트였던 겁니다. 전날 술 마시고 졸다가 자신의 작업 순서를 놓치면 연쇄적으로 문제가 되지 않겠습니까. 포드는 이런 규율을 정착시키기 위해, 지금으로 치면 인사부와 비슷한 별도의 노무부서까지 만들었습니다. 감독관들이 노동자의 가정을 방문해서 인간관계와 생활습관까지 조사해 음주나 도박 등의 문제가 있을 경우 해고할 수 있도록 했고, 노동자들이 임금을 어떻게 사용하는지도 규제했습니다.

프랑스의 경제사가 미셸 보(Michel Beaud)는 "'5달러짜리 하루'는 노동자관리의 수단, 즉 일종의 조련수단과 같은 것이었다. 동시에 그것은 '건전한' 노동자들로 하여금 '상당한 소비수준'에 이르도록, 그리하여 포드공장의 판로를 확보해주도록 하는 것이었다"고 분석합니다.

실제 포드의 노동자들은 석 달치 봉급 정도면 290달러짜리 '모델 T'를 충분히 구입할 수 있었습니다. 포드 역시 "나는 여러 가지 고려를 제쳐놓고 우선 우리의 판매가 어느 정도는 우리가 지불하는 임금에 달려 있다고 생각한다"고 말했습니다.

'컨베이어벨트'와 '5달러짜리 하루'로 상징되는 포드의 새로운 노동조직 방식은 전산업으로 확산돼 '포드주의'라는 자본주의 상품 생산의 새로운 기획으로 부상합니다. 노동자들을 육체적으로도 윤리적으로도 효율적으로 추출해 대량으로 생산하고, 그 대신 고임금을 통해 부족하지 않게 소비할 수 있도록 하는 풍요의 원천이 됩니다. 이와 함께 '탈주'의 개념은 사라지고 안락함과 길들여짐이 내면화한 새로운 인간형의 주홍글씨 또한 뚜렷하게 새겨놓습니다. 20세기 중반 포드사는 비록 GM에 밀려 빛이 바랬지만, 포드주의는 자본주의 황금기의 풍요를 가져왔습니다.

지성과 창의성을 쏙 빼버린 새로운 인간형

이렇게 보면 포드주의는 포섭입니다. 기업주가 노동자를, 자본이 노동을 포섭한 것입니다. 그러나 포섭된 사람은 자신이 포섭된 사실을 잘 모르는 법. 포드주의의 본질을 꿰뚫은 것은 오히려 대서양 건너 이국인의 눈이었습니다. 바로 '포드주의(Fordism)'라는 용어를 만든 이탈리아의 사회주의자 안토니오 그람시(Antonio Gramsci, 1891~1937)입니다.

그람시에 따르면, 포드의 새로운 노동관리 방식은 '지성과 창의성이 배제된 새로운 인간형'을 만드는 시도입니다. 그는 《옥중수고》에서, "미국적 현상이란 역사상 그 전례가 없는 속도와 목적의식을 가지고 새로운 유형의 노동자와 인간을 창출하고자 한, 지금까지의 가장 거대한 노력이다. 그 목적이란 노동자 속에서 자동적·기계적인 태도를 최대한으로 조장하고 지성·상상력·창의력 등을 파괴해 생산적 활동을 오직 기계적·신체적인 측면으로만 환원시키는 것"이라고 지적합니다. 그람시가 말하는 새로운 인간형이란 바로 단조로운 직무를 수동적으로 수행하며 꽉 짜인 노동규율에 복종하는 '집단적' 인간인 것입니다.

이런 집단적 인간을 만들기 위해 미국 자본주의는 새로운 생활양식과 새로운 도덕을, 한편으로는 '강제'하고 다른 한편으로는 '설득'하면서 대중들의 동의를 확보합니다. 그람시는 강제를 위한 대표적인 상징으로 금주법을 지목했습니다. 금주법은 5달러 일당을 받으려면 술을 마셔서는 안 된다고 했던 헨리 포드가 후원해 1920년 도입됐습니다. 취지는 '이민노동자의 폭음습관을 개선해 미국의 정신을 지키기 위해서'였습니다. 한마디로 어처구니없는 법이었지만, 13년간 시행되었습니다.

이와 함께 '고임금'은 설득을 위한 대표적인 장치입니다. 이는 "새로운 작업방식에 적응하는 것은 단지 사회적 강제를 통해서만 이루어질 수는 없고, 강제가 설득과 정교하게 결합되어야 하기 때문"입니다. 그래서 미국 자본주의는 금주법과 고임금을 통해, 즉 강제와 설득을 통해 합리화된 새로운 생산방식에 대한 동의를 이끌어내고 집단적 인간형을 창출합니다. 이 모든 과정에서 사용된 지배층의 도덕적이고 지적인 힘이 바로 헤게모니입니다.

그러나 1937년에 사망한 그람시는 미국의 새로운 자본주의를 제대로 목격했다기보다는 엿봤을 뿐입니다. 그것도 주로 감옥에서 말입니다. 그람시 사망 이후 수십 년간 노조의 힘이 강해지면서, '5달러짜리 하루'는 '최저임금 하루 10달러'로 인상됩니다. 10달러를 받을 수 있는 노동조건 역시 극적으로 개선되었고, 복지지출도 폭증했습니다.

포드주의가 그 출발은 포섭이었는지 몰라도, 미국 자본주의에 착근하는 과정은 상호간 타협이었던 것입니다.

광란의 시대를 거쳐 파산상태에 빠진 미국

포드주의가 이처럼 미국 자본주의에 착근하고, 나아가 전 세계적으로 타협의 시대를 불러오게 된 배경에는 두 가지 큰 세계사적 사건이 있었습니다. 바로 프랭클린 루스벨트(Franklin Roosevelt, 1882~1945)와 존 케인스(John M. Keynes, 1883~1946)라는 20세기의 걸출한 두 영웅을 배출한 1930년대 대공황과 1939~1945년의 제2차 세계대전입니다.

1920년대부터 바야흐로 미국의 시대가 열립니다. 모건이나 밴더빌트 같은 기업가들이 결국 남북전쟁의 실속을 챙겼듯이, 제1차 세계대전(1914~1918)을 통해 가장 실속을 챙긴 나라는 1917년 뒤늦게 참전해 연합군의 병참기지 역할을 한 미국이었습니다. 유럽은 쇠퇴하고 미국은 명실상부 세계 제일의 경제강국으로 발돋움합니다. 미국은 전시에 억압됐던 주택경기와 소비재산업을 부흥시키면서 놀라운 번영을 구가합니다. 비록 작업속도가 가속화되면서 매년 200만 건 정도 사고가 날 만큼 노동자들의 피로는 가중되고 부의 집중 역시 심화됐지만, 광적일 정도의 대량생산-대량소비의 시대를 맞이합니다.

1920년대 미국은 라디오 등 각종 가전제품과 자동차가 널리 보급되고 스포츠와 미인대회 관련 뉴스가 연일 신문을 장식하는, 광란(The Roaring Twenties)과 재즈(The Jazz Age)의 시대였습니다. 정치적으로는 '아메리카 제일, 비즈니스 제일'을 뒷받침하는 확실한 보수주의의 시대였습니다. 1920~1932년 내내 공화당 대통령이었고, 이 가운데 11년간 인류역사상 최고 부자 6위이자 미국 감세정책의 원조인 앤드루 멜런(Andrew Mellon)이 재무장관을 역임했습니다.

그러나 들뜬 분위기 속에서 토지투기붐이 일고 주식시장은 과열로 치달았습니다. 플로리다에서는 부동산을 산 사람이 그 자리에서 되팔아 열 배를 벌기도 했습니다. 그러다 결국 사달이 나고야 마는데, 1929년 미국 주식시장이 붕괴하면서 세계대공황이 촉발됩니다. 1930년대 대공황은 경제와 정치, 문화 등 미국 모든 분야의 패러다임을 순식간에 바꿔놓았습니다. 미국은 사실상 파산상태에 빠졌습니다. 거리 모퉁이마다, 집집마다 1,400만 명의 실업자가 소굴을 이루고 앉아 있었습니다. 희망의 자부심은 미국에서 영영 사라진 것 같았습니다.

도처에 분노와 절망이 팽배하던 1932년, 후버를 누르고 대통령에 당선된 민주당 루스벨트의 '뉴딜(New Deal) 정책'이 그 대변환의 기폭제였습니다. 후버 대통령 시절 앤드루 멜런 재무장관은 실업이 급증하고 임금이 하락하던 상황에서도 "사람들은 더욱 열심히 일하게 될 것이고, 이는 생활을 더 도덕적으로 만들 것"이라고 말했습니다. 반면, 새로 대통령이 된 루스벨트는 새로운 협약을 맺고 새 판을 짜서, 게임판의 카드를 새롭게(new) 배분(deal)하자고 했습니다. 그 배분의 주체는 시장이 아닌 정부였고, 실현 방법은 국민생활 전반에 대한 '국가의 통제(state control)'였습니다.

루스벨트는 취임 직후 은행의 겸업이 주식시장의 취약성을 고조시켰다면서 투자은행과 상업은행의 겸업을 금지하고, 빈민들과 청년실업자들을 구제하기 위해 각종 구호사업을 시행합니다. 금본위제를 포기하고 금에 대한 달러가치를 점진적으로 평가절하하는데, 주된 목적은 돈을 풀어 물가를 올리는 인플레이션 정책을 통해 농민을 돕기 위해서였습니다. 또 술을 만들지도 판매하지도 못하게 했던 금주법도 폐지해 경제활성화를 도모합니다.

미국 경제사회의 근간을 바꾸는 정책들도 본격적으로 추진되었는데, 대표적인 게 1933년 6월의 전국산업부흥법(NIRA)입니다. 과잉생산과 기업간 과잉경쟁, 실업사태를 막기 위해 정부가 산업에 대한 통제를 강화하는 내용이었습니다. 산업부흥법은 각 산업이 공정경쟁 규약을 만들어 최저임금과 노동시간 단축에 합의하도록 권고합니다. 노동시간을 단축해 고용을 늘리고 임금도 인상해 노동자들의 구매력을 높이자는 것이었습니다.

이 과정에서 루스벨트는 노동자의 단결권과 단체교섭권을 인정해 줍니다. 이는 그동안 노조에 대해 탄압으로 일관했던 미국 정부가 처음으로 노조를 중요한 사회세력으로 인정한 조치로, 미국 전체 역사로도 획기적인 일이었습니다.

그러나 뉴딜정책은 곧바로 보수세력의 공격을 받게 됩니다. 거대 정부가 거대노조와 손잡고 기존 권력구조를 바꿀 수 있다는 우려 때문이었습니다. 보수세력은 뉴딜정책을 소련의 계획경제를 받아들인 사회주의적인 것이라고 비판했습니다. 자본주의가 무너지지 않도록 지탱하기 위한 정책들이 그들의 눈에는 사회주의를 하자는 것으로 비쳤던 것입니다. 결국 1935년 말 보수주의자들이 장악한 대법원은, 산업부흥법이 행정부에 지나치게 많은 권한을 부여해 삼권분립의 원리를 부정했다면서 위헌이라고 선언합니다. 그러나 루스벨트는 와그너 노사관계법을 제정, 산업부흥법의 노동권 조항을 부활시킵니다.

여러 우여곡절에도 불구하고 루스벨트는 노조를 단순히 법률적으로 인정하는 차원을 넘어, 사회 대타협의 주체로 격상시킵니다. 예를 들어, 제너럴모터스(GM)가 자동차노조연맹을 인정하지 않자 1936년 노동자들은 대파업에 들어갑니다. 법원은 회사 측의 손을 들어 노조에 파업중지 명령을 내렸지만, 미시간 주지사가 병력동원에 반대하고 루스벨트가 회사 측에 압력을 넣음으로써, 자동차노조연맹은 처음으로 자동차업계의 공식 파트너로서 인정을 받게 됩니

루이스 하인의 사진 〈엠파이어빌딩의 노동자들〉(1931). 엠파이어빌딩을 건설하는 노동자들이 고층 철제빔에 앉아 휴식을 취하는 모습을 담은 이 사진은 미국 노동자들의 삶을 상징적으로 보여준다.

다. 물론 포드 같은 회사는 1941년에야 양보를 하지만, 제너럴모터스의 선례에 따라 철강업계도 오래지 않아 산별노조를 인정하게 됩니다.

이 결과 미국에서는 1933~1938년에만 노조원이 세 배 증가하고, 제2차 세계대전이 끝날 무렵에는 농업부문 이외 노동자의 3분의 1 이상이 노조에 소속됩니다. 루스벨트는 노조에 대한 지원과 함께, 1936년 사회보장법을 통해 노동자들이 실업연금과 퇴직연금을 받을 권리도 제도화합니다.

반면 루스벨트는 부자들에 대해서는 모질었습니다. 자본주의의 어떤 역사에서도 왼쪽 정부냐 오른쪽 정부냐를 가늠할 수 있는 잣대는 조세정책입니다. 1920년대만 해도 소득세 상한선은 24퍼센트였고, 상속세도 20퍼센트 정도에 불과했습니다. 그러나 루스벨트는 첫 번째 임기 때 소득세 상한선을 63퍼센트까지 끌어올렸고, 두 번째 임기에는 79퍼센트까지 올렸습니다. 크루그먼은 "뉴딜정책은 실제로 부자들의 소득 상당부분, 어쩌면 거의 전부를 세금으로 거둬갔다. 상류층이 루스벨트를 배신자라고 생각한 것도 무리가 아니다"라고 평가하기도 했습니다.

루스벨트는 이와 함께 경기활성화를 위해 정부가 빚을 내서 공공사업을 추진하는 재정적자 정책에도 공을 들입니다. 어릴 적 교과서에서 유별나게 이것만 강조해서 그런지 모르겠습니다만, 뉴딜정책 하면 흔히 연상되는 '테네시강 유역 개발사업(TVA)'이 그 대표적인 사례입니다.

GM에게 좋은 것은 미국에도 좋다

대공황을 확실하게 종식시킬 수 있었던 것은, 누구도 거스르를 수 없는 정부의 절대적인 통제와 계획, 그리고 누구도 상상하지 못한 규모의 재정지출이 필요했던 전쟁이었습니다.

미국 정부는 1941년 12월 7일 일요일 새벽, 미국의 태평양함대를 마비시킨 일본의 진주만공습 직후 선전포고를 하며 제2차 세계대전에 참전합니다. 이와 함께 군수물자 생산을 위한 전시동원 체제에 돌입합니다. 뉴딜정책의 국가통제 개념은 더 강화되고, 미군은 물론 영국군과 소련군에게 물자를 공급하기 위해 기업은 밤낮으로 쉴새없이 돌아갔습니다. 미국은 세계의 거대한 공장이었습니다.

군수산업은 물론 미국과 연합국 국민들을 먹여살리기 위한 농업생산도 크게 증가했고, 항공산업 같은 새로운 산업부문도 발전했습니다. 특히 모든 산업에서 일손이 달려 애를 먹었기 때문에 정부는 파업을 막기 위해 강력한 임금통제와 분쟁조정에 나섰는데, 덕분에 저소득 노동자의 임금이 크게 향상되면서 소득격차가 줄어들었습니다. 전쟁은 이처럼 뉴딜정책의 확실한 증보판이었습니다.

전쟁이 끝난 후 소련의 팽창으로 공산주의의 위협이 커지면서 미국은 다시 보수로 회귀할 만했지만, 뉴딜정책은 오히려 보다 진보적인 형태로 발전합니다. 1948년 대통령에 당선된 민주당의 해리 트루먼(Harry S. Truman)은 '페어딜(Fair Deal)'이라는 구호로 뉴딜의 진보주의 노선을 확장합니다. 모든 집단과 개인이 정부로부터 '공정한 분배(fair deal)'를 받도록 하자는 것이었습니다. 저소득층을 위한 공공주택을 건설하고 사회보장제도 수혜 대상자를 늘리고 최저임금도 인상했습니다. 미국 경제는 이때부터 제1차 오일쇼크가 터진 1973년까지 유례없는 호황기를 구가합니다. 평범한 노동자들도 부모 세대는 감히 꿈도 꾸지 못한 번영을 누렸습니다.

'타협의 시대' 도래에 뉴딜정책이 기여한 본질은 두 가지입니다. 하나는 고용주로 하여금 여러 가지 양보를 받아들이게 하고, 그런 양보를 통해 노동자들의 생활수준을 높이고, 그래서 대량소비 체제로 통합시킨 것입니다. 다른 하나는 정부와 업계의 실질적인 협력입니다. '제너럴모터스에게 좋은 것은 미국에도 좋고, 미국에 좋은 것은 제너럴모터스에게도 좋다'는 인식의 확산이었습니다.

대공황과 제2차 세계대전 시기를 좀 장황하게 이야기한 이유는, 포드가 어떻게 포드주의가 되고, 포드주의가 어떻게 타협의 시대를 초래했는지에 대해 설명하기 위해서입니다. 이런 과정은 당면한 위기를 극복하기 위한 정치적인 기획이었습니다. 체제를 유지하고 발전시키기 위한 국가의 기획이었던 것입니다.

앞서 살펴본 대로, 미국의 기업은 19세기 후반에 집중적으로 만들어져 20세기 초반을 거치면서 독점화, 거대화됩니다. 이들 기업은 야만적인 방법으로 경쟁을 무너뜨리고, 더 야만적인 방법으로 노동자들을 추출했습니다. 그러나 대공황과 제2차 세계대전을 거치면서 그 야만은 가히 '사회자본주의'라고 할 만큼 상당부분 사회적인 방향으로 순화됩니다.

정부가 각종 규제를 만들어 산업 내 경쟁을 줄이고 생산을 통제했습니다. 지금 기준으로 보면 기업들의 거센 반발을 불러일으킬 만큼 시장경제에 반하는 것이었습니다. 그러나 당시 거대기업들은 경쟁기업이 시장을 빼앗을지도 모른다는 걱정 없이 안정적인 수익을 보장받을 수 있었기 때문에 이를 환영했습니다. 대신 거대기업은 산별노조를 파트너로 인정하면서 노동의 안정성을 보장하고, 연금과 의료혜택 등 노동복지를 적극적으로 도모했습니다.

거대기업이 대단한 선심을 쓴 듯하지만, 실은 이런 양보가 기업에게도 유리하기 때문이었습니다. 포드가 촉발한 대량생산의 선결조건이라 할 수 있는 '안정적인 노동력 공급'을 위해서는 산별노조와의 집단협상이 유리했습니다. 노동복지 역시 대량수요를 안정적으로 창출하기 위한 것이었습니다. 제너럴모터스의 이익과 미국의 이익이 이렇게 절묘하게 맞아떨어진 것입니다.

노동자들 입장에서도 제너럴모터스에게 좋은 것은 자신들에게도 좋은 것이었습니다. 거대기업은 규모의 경제를 통해서 높은 수익을 내며 안정적인 일자리를 제공했습니다. 또 이런 수익이 고르게 분배되면서 노동자들은 생산이 증가하는 상품을 구매하며 예전에는 맛볼 수 없었던 물질적 풍요와 정신적 행복을 누리게 됩니다. 그래서 파업을 자제하고 협력하게 되는 것입니다.

이처럼 제2차 세계대전 이후 거대기업의 경영자들은 뉴딜정책 기조를 받아들이면서, 로버트 라이시의 표현대로, 보다 사회적인 '업계의 정치인'으로 변신합니다. 노동자들도 먹고사는 게 나아졌기 때문에, 이들 '업계의 정치인'에 대한 반감이 호감으로 바뀝니다. 이것은 민주주의의 진전이기도 했습니다. 라이시는 당시 거대기업과 거대노조의 관계를 이렇게 정리합니다.

거대기업은 거대노조를 낳았다. 양측이 임금과 노동조건에 합의한 사항들이 산업 전반에 표준으로 작용하면서 높은 생산성의 혜택을 나누어 주고 중산층의 성장에 기여했다. 이들의 관계는 '황금기에 가까운 시대'에 민주주의적인 자본주의의 중심 특징이 되었다. (……) 이것은 경제와 정치를 엄격하게 분리하고, 자본주의는 이상적인 '자유시장'을 통해 거의 자동적으로 일어나며, 민주주의는 유권자들이 선거로 공직자들을 선출하는 것이라 믿는 교과서와는 상당히 다른 것이었다. 이는 일련의 복합적이고 지속적인 협상들을 포함하고 있었다. 때로는 거대기업과 거대노조 같은 주요 선수들 사이에서 직접적으로 이루어졌고, 때로는 정부의 규제당국과 입법기관인 의회 안에서 간접적으로 이루어졌다.

_ 로버트 라이시, 《슈퍼자본주의(Supercapitalism)》

이 시대의 타협은 이처럼 이해세력간 정치적 타협, 정확하게 말하면 노동과 자본의 계급적 타협입니다. 이런 계급적 타협은 포드의 새로운 노동조직 방식을 국가적으로 완성하는 것이었습니다. 자본은 컨베이어벨트가 일군 대량생산 시대에 별 경쟁 없이 확실한 수익을 보장받고, 노동은 평생직장에서 혁신 스트레스 같은 큰 불편 없이 '5달러짜리 하루'에 만족하고 안착하며, 국가는 이런 질서를 물리적으로 이데올로기화하고 유지·보수하는, '제대로'한 바퀴도는, 그래서 당시 기준으로서는 '복지국가'가 자리를 잡았습니다.

포드 자신은 정작 노조를 극도로 싫어했지만 포드주의는 그렇게 탄생하고 정착되었습니다. 그리고 포드주의는 제2차 세계대전 후 유럽의 전후 복구를 위한 미국의 지원정책, 즉 마셜플랜(Marshall Plan, 유럽부흥계획)을 통해 유럽으로 확산됩니다.

평생의 시간을 팔아넘긴 보금자리

정치적 기획으로서 '타협의 시대'가 구성원들에게 부여하는 삶의 본질은, 찰스 핸디의 출사표에도 등장하는 '평생의 시간을 팔아넘긴 보금자리'입니다. 그런데 이것은 비단 수십 년 전의 이야기만은 아닙니다. 지금도 진행중인 우리 삶의 본질입니다.

한편으로는 우리 가운데 많은 이가 자기 자신을 팔지 못해 안달하고 있습니다. 평생의 시간을 잘게 쪼개 더 수익성 높은 직장과 직종에 끊임없이 자신을 팔고자 안간힘을 쓰고 있습니다. 그러나 다른 한편으로는, 평생의 시간을 팔아넘길 만한 보금자리에 이제 그만 안주하고 싶어 합니다. 끊임없이 자기 자신을 세일즈하는 데 지쳐가고 있습니다. 유목민의 자유보다는 정착민의 안정을 더 그리워하기도 합니다.

크루그먼이 자본주의 낭만의 원조로 포드주의 이전 시대를 지목

했지만, 평범한 미국인들 입장에서는 안정된 직업과 전원주택이 있고, 퇴직계획처럼 예측 가능한 삶이 보장되었던 타협의 시대가 더 낭만적이었던 것처럼 말입니다. 그렇다면 우리는 평생의 시간을 팔아넘긴 보금자리의 정체가 과연 무엇인지 따져보아야 합니다. 되돌아갈 수 있고 되돌아갈 만하다면 되돌아가야겠지만, 그렇지 않다면 다른 대안을 찾아봐야 하니까요.

이 보금자리의 정체를 밝히는 첫 번째 열쇠는 관료주의입니다. 나쁜 것으로서만의 관료주의가 아니라 명암이 교차하는 것으로서의 관료주의 말입니다. 영국의 사회학자 리처드 세넷(Richard Sennett)의 표현을 빌리면, 감옥이자 안식처로서의 관료주의입니다.

타협의 시대를 관통하는 질서는 정치적 영역이든 민간기업의 영역이든 관료주의입니다. 타협의 시대가 국가에 의한 정치적 기획이기 때문에 그렇기도 하거니와, 더 근본적으로는 대량생산의 기술 자체가 경직된 관료적 조직을 요구하기 때문입니다.

표준화된 소품종 대량생산은 어떤 제품을 얼마나 생산할지, 어떤 가격에 팔지가 이미 수개월 전 혹은 수년 전에 확정되어야 합니다. 계획된 생산은 돌발변수 없이 일사불란하게 집행되어야 하고, 만들어진 물건은 또 계획대로 시장에서 팔려야 합니다. 갤브레이스가 "거대기업은 판매하는 것과 공급받는 것을 통제할 수 있어야 한다. 거대기업은 시장 대신 계획을 이용해야 한다"고 말한 것도 이런 이유에서입니다.

이 때문에 기업조직은 지휘계통을 분명하게 규정합니다. 중역회의에서 중요한 결정이 내려지면, 중간관리자들이 각자 권한범위 안에서 하급관리자와 실무책임자들을 통제합니다. 주요 제품에는 담당사업부가 있고, 업무는 표준화된 절차에 따라 진행됩니다. 생산현장에서는 정해진 작업리듬에 따라 각자 맡은 파편화된 작업에만 충실하면 됩니다. 독창적인 생각은 오히려 전체 계획을 망칠 위험이 있습니다.

기업은 이런 피라미드조직을 유지하기 위해 호봉제와 승진제라는 규격화된 인센티브를 제공합니다. 성과급 같은 개인별 인센티브는 예외적인 것이고, 아랫사람이 더 받는다는 건 상상하기 어렵습니다. 조직사다리에서 봉급과 승진은 근무연수에 따라 예측 가능한 것이기 때문에, 올라갈수록 직장을 긍정적으로 보고 애사심도 높아집니다. 오래 근무한 사람일수록 직장을 그만둘 때의 기회비용이 커지기 때문입니다.

그래서 노동자들은 대부분 '회사와 나의 관계는 영원하고, 회사에 충성하면 회사가 나를 돌볼 것'이라는 생각을 갖게 되었고, 회사 또한 이런 생각을 권장했습니다. 이 때문에 사람들은 평생의 시간을 팔아넘겼고 그 대가로 보금자리를 얻었습니다.

타협의 시대에 미국은 거대기업이 지배하고 있었기 때문에 이런 생각은 미국인 대부분의 생각이었고, 그래서 미국 자체가 주식회사 거대기업이었습니다. 물론 우리나라의 많은 기업에는 지금도 여전히 적용되고 있는 질서입니다. 특히 공기업일수록, 큰 기업일수록 말입니다.

리처드 세넷은 이런 관료주의의 비밀을 한마디로 '제도가 개인에게 보장하는 기간으로서의 구조화된 시간'이라는 개념으로 설명합니다. 말이 어렵습니다만, 조금 풀어보자면 이런 겁니다.

관료주의는 사람들로 하여금 현재의 질서를 따를 경우 받게 될 미래의 보상에 대해 먼저 생각하도록 가르칩니다. 사람들은 미래에 보상을 받을 것이라는 희망으로 당장의 보상이 적더라도 고정된 제도 속에 스스로를 속박합니다. 자신이 그동안 쌓아온 경력에 비추어 앞으로의 승진경로가 어떻게 될지 그려보거나, 한 회사에 계속 근무하는 기간과 앞으로 늘어날 재산규모를 연관짓게 됩니다. 장래를 설계할 수 있다는 의미에서 전략적인 삶이 가능해지는 것입니다.

그리고 이 피라미드의 상층에서 하층으로 내려가면서 새로운 해석과 타협이 이루어지기도 합니다. 예를 들어, 간호사가 근무환경도 더 좋고 봉급도 많은 민간병원보다 시립병원에서 계속 일하는 것이 더 보람있다고 생각한다거나, 교사가 부자동네의 사립학교보다 가난한 지역의 공립학교에서 근무하기를 희망하는 것처럼 말입니다.

이런 조직에 대한 믿음과 헌신, 불평과 불만 등이 뒤섞인 피라미드 내부에서 사람들은 자기 나름대로 자신의 모습을 찾고 느끼게 됩니다. 이 모든 것은 자신의 삶을 연속적인 이야기로, 즉 삶의 서사(敍事, narrative)로 만들어줍니다. 자기 삶의 지난날을 돌아보고 앞날을 설계할 수 있다는 이야기입니다. 물론 피라미드 자체는 다른 누군가에 의해 설계되었지만, 그 피라미드에 의존해 한 계단씩 올라가는 게 삶의 방식이 될 수 있는 것입니다. 그래서 관료주의는 심리적인 안식처가 되고, 평생의 시간을 팔아넘긴 보금자리가 될 수 있었던 것입니다.

그러나 아무리 안식처라고 해도 감옥은 감옥입니다. '안정되고 예측 가능하며 서사가 가능한 삶'이라 해도, 평생의 시간을 팔아넘겨야 합니다. 만일 팔지 않았더라면 그 시간에 담길 수도 있었던 다른 가능성과 가치와 자율성까지 포기하면서 말입니다. 그래서 세넷은 "개인들은 조직이 제공하는 안정적인 틀 속에 머무르는 대가로 자유와 개성의 억압을 감수했다"고 말합니다. 안식처이긴 하되, 쇠창살로 갇힌 안식처라는 이야기입니다.

똑같은 유니폼을 입은 미국주식회사 국민들

보금자리의 정체를 밝히는 두 번째 열쇠는 대중소비사회입니다. 관료주의가 사람들에게 안식처를 제공하는 대신 자유와 개성을 억압한 것처럼, 타협의 시대 대중소비사회는 넉넉한 소비를 제공하는 대가로 순응과 동질화를 요구합니다.

갤브레이스의 지적대로, 1950년대 이후 미국은 소비사회로 접어들었습니다. 1955년에 이미 대부분의 가정에 남편용과 아내용 혹은 출퇴근용과 레저용 등 자동차가 두 대씩 있었고, 70퍼센트는 전화를 들여놓았습니다. 1960년에는 전체 가정의 90퍼센트가 텔레비전을 보유하게 됩니다.

우리나라 사람들이 미국인들의 생활 가운데 부러워하는 것 중 하나가 교외의 단독주택입니다. 작은 앞마당과 널찍한 뒤뜰은 수백 년 된 나무들로 둘러싸여 가을이면 낙엽으로, 겨울이면 눈으로 뒤덮입니다. 돈 있는 사람들은 뒤뜰에 수영장을 만들고, 그렇지 못한 사람들은 그네를 매답니다. 그런데 이런 집들 대부분이 제2차 세계대전 직후 평범한 미국인들을 위해 지어졌습니다. 그래서 지금 미국의 단독주택들은 지은 지 50년 정도만 돼도 상당히 새 집 축에 듭니다.

소비의 원천인 소득은 육체노동자나 사무직이나 전문직이나 큰 차이가 없었습니다. 크루그먼은 "'부자들은 나와 차원이 다르다'는 말은 제2차 세계대전 이후 세대들에게는 특히 전혀 납득이 안 되는 표현이었다"고 설명합니다. 소득이 비교적 고르게 분배되던 타협의 시대는 미국인들에게 넉넉한 소비의 시대이기도 했습니다.

그러나 미국인들은 점점 조용한 세대로 변합니다. 마치 똑같은 유니폼을 입은 주식회사의 직원들처럼 동질화됩니다. 비슷한 소득에, 비슷한 집에, 비슷한 가전제품을 들여놓고, 비슷한 자동차를 타고 다니는, 그래서 생각마저 비슷한 사람들로 변해갑니다.

당시 대부분의 단독주택은 층수나 크기, 형태가 모두 비슷비슷했습니다. 또 대량으로 찍어내던 시절이라 상품의 혁신도 별로 없었습니다. 로버트 라이시는 "GM은 1965년 쉐보레임팰러를 100만 대

이상 판매했지만, 이 모델에는 새로운 개량이나 두드러진 혁신은 거의 없었다. 여러 해 동안 내연기관의 기본기술이 같은 수준을 유지하는 가운데 미국의 자동차 3사가 개선한 것은 파워브레이크, 파워윈도, 파워스티어링, 더 크고 힘센 엔진, 에어컨 등이었다"고 지적합니다.

당시 홍수처럼 보급되기 시작한 텔레비전은 이들을 더욱 균질적으로 만들었습니다. 미국인들은 엄청나게 많은 시간을 텔레비전 시청에 할애했는데, 그 많은 시간 동안 이들은 동질적인 대중문화를 대량으로 소비한 셈입니다. 존 듀이(John Dewey) 식의 '학교는 사회 적응 수단이 되어야 한다'는 교육도 이들을 규격화된 의식구조 속으로 밀어넣었습니다.

사람들이 비슷한 제품을 집단적으로 소비하며 물질적 풍요를 느꼈다는 것은 이들의 필요와 욕망 역시 비슷해졌다는 이야기입니다. 그런데 '다양한' 인간들의 '비슷한' 욕망은 개개인의 내면에서 우러나왔다기보다 외부에서 주입되었을 가능성이 큽니다. 갤브레이스는 1958년 초판이 출간된 《풍요한 사회(The Affluent Society)》에서, "생산은 소비욕망에 의존하는 게 아니라 의도적으로 소비욕망을 만들어낸다"면서 이런 대중소비사회를 예리하게 분석합니다.

사회가 점점 부유해지면서 욕구는 점점 그것을 충족시키는 과정에서 다시 만들어진다. 그 과정은 수동적으로 만들어질 수도 있다. 즉, 입소문이나 소비자들의 경쟁심리를 통해 욕구를 만들어내는 것이다. 또는 생산자가 광고나 마케팅 전략을 통해 적극적으로 욕구를 만들어낼 수도 있다. 이 경우 욕구는 생산에 의존하게 된다. 광고와 마케팅 기법은 생산과 욕구를 더욱 밀접하게 결합시키고 있다. 광고와 마케팅 기법의 목적은 욕망을 만들어내는 것, 즉 지금까지 존재하지 않았던 욕망을 만드는 것이기 때문에, 독립적으로 구축된 욕망의 개념과는 융화될 수 없다. (……) 소비자들은 광고와 판매 전략을 접하고서야 자기가 무엇을 원하는지 깨닫게 된 것이다.

이는 "무한한 욕망을 가진 소비자들이 주체적으로 판단해 경제행위를 결정한다"는 주류경제학의 전제를 무너뜨리는 것이기도 했습니다. 그런데 사실 갤브레이스의 이런 통찰은 뒤늦은 것이었는지도 모릅니다. 코카콜라를 발명한 존 펨버턴(John S. Pemberton)이 "만약 나에게 25,000달러가 있다면 24,000달러는 광고하는 데 쓰고 나머지 1,000달러로 코카콜라를 만들겠다"고 한 게 1890년대였으니 말입니다. 생태주의를 정립한 오스트리아 출신의 프랑스 사상가 앙드레 고르(André Gorz)는 더 나아가, 이런 대중소비가 노동과 자본을 완벽한 공범으로 만드는 통로라고 지적합니다.

자신의 시간을 전부 팔아야 하고 자신의 생명을 팔아야 하는 노동자는 상징적으로 이 모든 것을 만회할 수 있는 것이 돈이라고 생각하게 되었다. (……) 포드가 경영하는 공장에서 조립라인은 반복적이고 정신적인 피곤을 안겨주고 존엄성을 앗아가는 노동을 요구했지만, 이렇게 전문성이 낮은 일을 담당하는 노동자들은 사람들이 부러워할 만한 임금을 받았다. 그들이 직업적 존엄성의 측면에서 상실했던 것, 그것을 소비의 측면에서 얻는 것으로 여겨졌다. (……) 노동과 자본은 돈벌기가 그들의 궁극적인 목적인 한 서로의 대립을 통해 완벽한 공범이 된다.

_ 앙드레 고르,《에콜로지카(Ecologica)》

기업이 물건을 만들어내는 목적이 물건 자체가 아니라 이윤이고, 노동자들이 노동을 하는 목적 역시 생산하는 물건 자체가 아니라 소비를 위한 임금인 한, 이 둘은 정확히 이해를 공유하게 된다는 뜻입니다. 이것이 타협이 가능했던 본질적인 측면이기도 합니다.

어쨌든 관료화된 거대조직의 보호를 받고 있다는 소속감에 안도하게 된 사람들은, 또 한편으로는 대량으로 보급되는 문화와 상품 그리고 욕망을 비슷하게 소비하며 살아갑니다. 이들에게 두려움과 불안감이 있었다면 그건 집단에서 벗어나는 것, 공통된 욕망에서 이탈해 내면의 욕망에 솔직해지는 것이었습니다. 그래서 이들은 저항하고 바꾸려 하기보다 순종적인 소시민으로 변해갑니다. 관료주의 때문이기도 하고, 대중소비의 결과이기도 했습니다. 바로 미국의 사회학자 데이비드 리스먼(David Riesman, 1902~2002)이 1950년《고독한 군중(The Lonely Crowd)》에서 제기한 타인지향적 인간형으로의 진화입니다. 타협의 시대 미국인들의 모습이자, 현대사회 우리의 모습이기도 합니다.

리스먼은 자본주의가 산업화시대를 거쳐 고도화 궤도의 대중사회가 되면 다른 사람들의 기대와 신호에 민감하게 반응하는 타인지향형이 지배적인 인간형으로 나타나게 되며, 이런 인간형이 사회의 동질성을 초래한다고 설명합니다.

타인지향형 인간이 지향하는 근원은 늘 동시대의 타인들입니다. 여기서 타인들이란 자기가 아는 다른 사람일 수도 있고, 끊임없이 동질적인 신호를 확산시키는 매스미디어일 수도 있습니다. 사람들은 누구나 남이 자기를 어떻게 평가할지 신경을 쓰기 마련이지만, 타인지향형은 여기서 더 나아가 다른 사람들의 호감을 생활지침으로, 주된 관심사로 삼습니다.

리스먼의 이런 주장은, 거슬러올라가면 "상류층의 과시적 소비를 모방하는 과정에서 사회가 유지된다"던 베블런의 생각과 맞닿아 있습니다.

타인지향형의 인생 목표는 인도하는 타인의 역할에 따라 바뀌기도 합니다. 하지만 한 가지 변하지 않는 게 있다면 "어떤 목표를 달성하기 위해 노력한다는 사실과, 그것을 위해 타인들로부터 발산되는 신호에 주의를 기울인다"는 점입니다. 이런 타인과의 끊임없는 접촉은 철저한 '순응성'과 '온순성'을 낳습니다. 대중들은 끊임없이 타인을 지향하는 과정에서 자기 존재의 의미를 찾고자 하지만, 결국은 고독한 대중이 될 수밖에 없습니다.

리스먼은 "전후 미국의 도시들은 타인지향형에 의거해서 순응성을 확보하는 사회의 전형"이라면서, "이런 상황에서 젊은이들은 조직적 인간이 될지, 아니면 '카우보이'가 될지 둘 중 하나의 선택을 강요받게 되었다"고 지적하기도 했습니다.

이렇게 보면, 1960년대 말 미국의 '번영 속 혼란'은 타인지향형 인간들의 자유와 주체성을 찾기 위한 저항이기도 합니다. 마틴 루서 킹(Martin Luther King Jr.)으로 상징되는 민권운동, 전체주의적 사회와 비인간적 관료주의에 저항한 신좌파 학생운동, 히피(the hippie)들의 대중사회에 대한 대항문화운동, 반전운동 등 그 이름과 목적은 달랐지만 관통하고 있는 하나의 사실은 '거대한 기계문화의 한낱 나사가 되어버린 조직인간들의 자유에 대한 욕망'이었습니다.

리스먼의 '타자(他者)'는 이후 프랑스의 사회학자 장 보드리야르(Jean Baudrillard, 1929~2007)에 이르러, 자본주의에서 만들어지는 욕망 그 자체로 표현됩니다. 현대인들은 상품의 기능보다는 상품을 통해 얻을 수 있는 기호를 소비하고, 모사된 이미지가 현실을 대체합니다. 그래서 사람들은 서로 끊임없이 욕망을 생산하고, 그 욕망을 지향하고 소비하며 살게 됩니다.

우리 마음속의 안식처가 된 감옥

《마당을 나온 암탉》에서는 양계장을 뛰쳐나온 암탉과 농장에 안주하는 가축들이 서로 공존하며 대립합니다. 농장의 오리들은 야생 청둥오리의 알을 품어 얻은 새끼를 족제비로부터 지키기 위해 고군분투하는 암탉에게 끊임없이 말합니다. 청둥오리 새끼를 안전한 마당으로 데려오라고, 날개를 자르는 것은 조금도 아프지 않다고, 약간 따끔할 뿐이라고, 집오리로 길들이지 않으면 평생 족제비의 표적으로 살다가 결국 잡아먹힐 거라고, 그러니 농장의 무리 속에 있어야 한다고.

그러나 암탉은 어느새 훨훨 호수를 날아오르는 아기를 보며 다짐합니다. 알을 품은 그 오랜 날들 몸 한번 뒤척이지 못하면서도 얼마나 행복했는지 모른다고, 맘껏 날갯짓할 수 있는 자유를 끝까지 지켜주겠노라고 말입니다.

아기는 결국 암탉을 떠납니다. 야생 오리떼에 섞여 힘차게 날아올라 엄마 품을 떠납니다. 그 순간 암탉은 또 다른 자신의 소망을 확인합니다. 저들과 같이 날아오르고 싶다는. "한 가지 소망이 있었지. 알을 품어서 병아리의 탄생을 보는 것! 그것을 이루었어. 고달프게 살았지만 참 행복하기도 했어. 소망 때문에 오늘까지 살았던 거야. 이제는 날아가고 싶어. 아, 미처 몰랐어! 날고 싶은 것, 그건 또 다른 소망이었구나."

그리고 그 순간 자신을 노려보고 있는 족제비를 마주하며 느낍니다. 이제 더 이상 도망칠 기운도, 그럴 까닭도 없다는 것을. 눈앞에 온통 붉은 핏빛이 느껴졌지만, 그 속에서 암탉은 확인합니다. 크고 아름다운 날개로 하늘을 날고 있는 자신의 모습을.

우리는 비록 1965년 쉐보레임팰러를 타본 적이 없고, 뒤뜰 딸린 집에서 낙엽을 쓸어본 적도 없지만, 마음속에서는 우리도 한때 누렸던 그런 시절에 대한 향수와 분노가 교차하고 있습니다. 국내의

한 컨설턴트는 《코끼리와 벼룩》에 대한 서평에서, "대다수 월급쟁이들에게 일이란 웬만해서는 밥벌이의 처연한 숭고함, 그 한계를 뛰어넘기 힘들지 않은가"라며 이렇게 고백합니다.

'평생의 시간을 미리 회사에다 팔아넘기고……' 평소 아무런 문제의식을 못 느꼈던 기존의 가치관이 전복되는 순간을 책에서 만날 때가 있다. 내겐 바로 이 표현이 그랬다. 직장인으로서 월급을 받는다는 건, 자아실현을 하면서 자신이 제공한 노동에 대한 보상을 받는 것이지 내 인생의 특정 시간, 즉 그 시간에 담긴 모든 가능성과 기회를 회사에 팔아넘긴 대가라고는 전혀 생각하지 못했다. 또한 아무도 내게 말해주지 않았다. 내 인생에서 엄청나게 큰 비중을 차지하고 있는 일에, 내가 미처 생각하지 못했던 면이 숨어 있다는 것을 깨달았을 때의 놀라움이라니! 내가 월급과 맞바꾼 볼모를 단순히 노동으로 보느냐, 아니면 금쪽같은 내 시간의 주도권을 남에게 넘긴 대가로 보느냐의 사이에는 실로 엄청난 가치관의 간극이 존재하지 않는가.

_ 박현정(크레디트스위스 이사),

〈평생의 시간을 돈과 맞바꾸는 삶에서 벗어나라〉, 《내 인생을 바꾼 한 권의 책2》

그래서 이 컨설턴트는 찰스 핸디처럼 코끼리를 박차고 나옵니다. "찰스 핸디의 인생관은 적당히 타협하는 삶이 아닌 독립적이고 주도적인 삶의 방식에 대한 성찰이다. 시간에 대한 주권을 맘껏 행사하는 삶, 덜 의존적인 삶, 나아가 자신이 원하는 행복한 삶이 무엇인지를 알고 이를 실현하기 위해 안정과 타협보다는 도전과 꿈꾸기를 멈추지 않는 젊은 삶의 방식 말이다."

그러나 한 번이라도 코끼리를 박차고 나와 실패해본 사람들 혹은 동료들의 실패를 목격한 수많은 사람에게는 이런 삶의 방식이 그저 사치로 보일 수 있습니다. 그렇게라도 아무 걱정 없이 한평생 내 시간을 팔아봤으면 하는 마음이 간절합니다. 그건 크루그먼에게 되돌아가고 싶은 향수인 것처럼 우리에게도 향수입니다. 물론 답답한 조직생활이기는 했지만, 어쨌든 외환위기 이전 대규모로 사람을 뽑아 별 과오가 없으면 승진시켜주고 봉급도 비교적 넉넉하게 주며 정년까지 보장하던 시절이, 늘 불안에 쫓기며 많지 않은 기회를 붙잡기 위해 필사적으로 경쟁하고 긴장해야 하는 지금의 상황보다는 분명 나은 측면이 있습니다.

우리 마음속에 평생의 시간을 팔아넘긴 보금자리에 대한 분노와 향수가 교차하는 본질적인 이유는, 그런 형태의 보금자리가 이제는 거의 존재하지 않기 때문입니다. 평생을 보장받을 수 있는 보금자리가 사라지고 있기 때문에 그런 안식처가 그리운 것이고, 보금자리를 얻기 위해 굳이 평생의 시간을 팔아넘기지 않아도 되기 때문에 예전 질서에 대한 분노와 후회가 이는 것입니다. 평생의 시간을 팔아넘겨야 하는 감옥과 평생을 보장받는 보금자리로서의 안식처 간 모순이 이미 그 수명을 다하고 새로운 질서로 바뀌고 있다는 이야기입니다.

새로운 질서는 바로 '시간' 개념이 아니라 '기회' 개념으로의 진화입니다. 제도가 개인에게 강제하고 보장하는 기간으로서의 시간이 아니라, 개인이 알아서 확보하고 누려야 하는 기회로의 진화입니다. '평생의 시간을 팔아넘겨야 하는 감옥'은 '필사적으로 기회를 붙잡아야 하는 감옥'으로 바뀌었고, '안정되고 예측 가능하며 서사가 가능했던 삶'으로서의 보금자리는 '돈과 명예로 측정되는 성공'으로서의 보금자리로 바뀌었다는 것입니다. 말하자면 '기회를 붙잡기 위해 필사적으로 매달려야 하고, 그 기회를 잡으면 성공이리는 보금자리가 주어지는' 질서로 말입니다.

많은 사람이 선수를 쳐서 코끼리를 박차고 나오는 것도 따지고 보면 내 시간의 주도권을 남에게 넘기는 게 안타까워서가 아니라, 더나은 기회가 열려 있기 때문인 경우가 많습니다.

타협의 시대 구성원이 단지 조직형 인간이 싫어 뛰쳐나올 경우, 그가 갈 곳은 카우보이일 뿐일 가능성이 많습니다. 새로운 질서의 구성원이 단지 기회를 붙잡기 위해 필사적으로 매달려야 하는 것이 싫어 뛰쳐나올 경우, 그에게 돌아오는 것은 패자라는 딱지일 뿐일 가능성이 높습니다. 양계장의 암탉이 단지 철조망의 속박이 싫어 뛰쳐나올 경우, 그는 한낱 짐승의 먹이가 될 뿐입니다. 그래서 우리에게는 싫어서 뛰쳐나오는 게 아니라, 그 질서를 넘어서는 것이 중요합니다.

《마당을 나온 암탉》이 진짜 감동적인 것은 단지 뛰쳐나왔기 때문이 아닙니다. 모성본능을 발휘하며 족제비와 싸웠기 때문도 아닙니다. 암탉으로서 보다 본질적인 가치를 소망했기 때문입니다.

타협의 시대에 맞는 사상을 찾아내다

타협의 시대는 야만의 시대보다 분명 진전된 것입니다. 양계장의 암탉들은 서커스단의 코끼리보다 분명 더 풍족하고 여유있는 삶을 누렸습니다. 야만의 시대에 서커스단의 코끼리를 합리화한 사상이 있었듯, 타협의 시대에도 양계장을 짓고 유지한 사상이 있었습니다. 바로 고전적 자유주의를 비판한 새로운 자유주의 사상이었습니다.

자유주의는 평등한 시민들이 국정에 동등하게 참여해야 한다는 민주주의 등 정치적 자유주의와, 자유로운 경제활동을 보장하는 경제적 자유주의를 모두 포괄합니다. 그래서 시민권과 사유재산권이 자유주의의 핵심이념입니다.

존 로크, 애덤 스미스, 프리드리히 하이에크 등 고전적 자유주의자들과 혹은 고전적 자유주의를 복원하고자 한 사상가들은 경제적 자유와 정치적 자유는 선순환한다고 주장했습니다. 즉, "시장이 사람들의 경제적 자유를 확대하고, 경제적 자유의 공간이 확대되면 정치적 자유도 커질 수 있다"고 믿었습니다. 프랑스의 대혁명이나 미국의 독립과 같이 시민의 정치적 권리가 비약적으로 향상된 사건들이 모두 시장이 발달하면서 가능했던 것처럼 말입니다.

그러나 정치적 자유주의와 경제적 자유주의, 시민권과 사유재산권 사이에는 본질적으로 긴장관계가 엄존합니다. '정치적 자유주의의 만인평등 사상 혹은 민주주의의 평등지향성'과 '사유재산권을 보호하고 자유로운 경제활동을 보장하는 경제적 자유주의' 사이에는 해소하기 쉽지 않은 이질성이 엄연히 존재한다는 뜻입니다.

실제 고전적 자유주의의 전통과 그 극단적 형태인 사회진화론이 득세한 19세기 후반, 경제적 자유의 확대에도 불구하고 평등지향성이라는 가치는 크게 훼손됩니다. 야만의 시대에서 보았듯이 빈부격차와 불평등이 심화되기 때문입니다. 이는 미국적 현상일 뿐 아니라, 불황이 장기화되고 있던 영국 등 유럽에서도 마찬가지였습니다. 대등하지 않은 경제주체들의 자유로운 경제활동이 끊임없는 승자의 탐욕과 패자의 굶주림을 불러왔던 것입니다.

그래서 고전적 자유주의를 비판하는 두 가지 새로운 사상이 등장합니다. 하나는 자유주의 자체를 부정하는 사회주의이고, 다른 하나는 고전적 자유주의를 비판적으로 극복하는 신자유주의(the new liberalism, 이는 하이에크의 신자유주의(Neoliberalism)와는 전혀 다릅니다)입니다. 이 신자유주의는 사회적 자유주의(social liberalism)라고 불리기도 합니다. 이것이 바로 타협의 시대를 지배하는 사상이었습니다. 이 사상의 출생지는 영국으로, 토머스 그린(Thomas Hill Green, 1836~1882)과 레너드 홉하우스(Leonard Trelawney Hobhouse, 1864~1929), 존 홉슨(John Hobson, 1858~1940), 그리고 케인스가 대표적인 사상가들입니다.

19세기 후반 영국에서는 국민 대다수를 이루는 노동자들이 비참한 가난을 겪으면서, 빈곤과 실업이 자본주의 최대의 적으로 대두합니다. 영국은 19세기 중반 이미 법치주의와 의회민주주의가 상당히 확립돼, 국가권력이 개인의 정치적 자유를 침해하는 일은 많이 사라졌습니다. 오히려 개인의 자유를 침해하는 가장 큰 적은 빈곤이었습니다. 이 때문에 영국의 사상가들은 고전적 자유주의에서 '자유'의 개념을 보다 확대하게 됩니다.

고전적 자유주의에서 자유의 개념이 타인의 억압으로부터의 자유, 국가와 사회 그리고 다른 사람들에 의한 강제나 간섭이 없는 상태인 소극적 자유를 의미했다면, 사회적 자유주의에서 자유는 개인이 어떤 목표를 달성할 수 있는 자유, 스스로 자신의 주인이 되는 자유, 자신의 발전 가능성을 실현할 수 있는 자유를 의미합니다. 자유의 개념이 적극적·실질적인 의미로 확대된 것입니다.

고전적 자유주의가 경제적 자유와 정치적 자유의 선순환을 강조한 반면, 사회적 자유주의는 시장이 발달하고 경제적 자유가 확대되더라도 정치적 자유가 자동으로 보장되지는 않는다고 생각했습니다. 시장경제가 충분히 발달했고, 그래서 경제적 자유가 충분히 보장되고 있었음에도 불구하고, 독일이나 이탈리아에서 나치즘과 파시즘의 전체주의가 출현했듯이 말입니다. 사유재산권이 충분히 보호받고 자유로운 경제활동이 보장된다 해도, 시민권과 평등지향성의 민주주의가 자동으로 담보되지는 않는다는 뜻입니다.

사회적 자유주의는 또 고전적 자유주의의 '개인' 개념도 수정합니다. 고전적 자유주의에서 개인이란 법규를 위반하지 않는 범위에서 타인을 고려하지 않고 자신의 일만 열심히 하면 됩니다. 원자적 개인주의입니다. 그러나 사회적 자유주의는 개인의 개별성과 함께 사회성을 강조합니다. "타인의 행복을 자기의 행복과 동일시할 때

진정한 행복을 느낄 수 있다"는 존 스튜어트 밀(John Stuart Mill, 1806~1873)의 사상을 이어받아, 개인과 사회는 서로 분리해 존재할 수 없기 때문에 개인은 사회에 협력하고 사회는 개인의 어려움을 도와주어야 한다고 믿습니다.

하지만 이는 집단을 위한 개인의 봉사와 희생을 강조하는 전체주의와는 다릅니다. 사회적 자유주의에서도 궁극적 가치는 개인에게 있습니다. 다만 실질적 자유라는 목표를 개인이 달성할 수 있도록, 국가가 개인들이 능력을 발휘할 수 있는 환경을 조성해야 한다는 의미입니다.

이런 개념들에 입각하면, 개인의 자유 가운데 경제적 자유는 반드시 지켜져야 하는 신성불가침한 대상이 아닙니다. 경제적 자유라는 것이 기본적으로는 존중돼야 하지만, 사회적 가치와 조화를 이루기 위해 시대와 상황에 따라 축소될 수도 있는 상대적 개념이 되는 것입니다. 필요에 따라서 사유재산권에 대한 일정한 제한이 정당화될 수 있다는 이야기입니다.

그래서 사회적 자유주의는 빈곤문제와 부의 불평등에 대한 국가의 역할을 강조합니다. 토지와 상속, 고소득에 대해 높은 세금을 물리고 저렴한 공교육과 최저임금제 등 기회의 균등을 위한 사회보장제도의 실시를 주장합니다. 또 노동조합에 대해서도 긍정적인 태도를 견지하며 적극적인 역할을 강조합니다.

이로써 자유주의는 전제권력과 신분제 철폐를 주장하면서도 본질적으로는 부르주아계급의 이익을 추구하는 부르주아사상으로서의 한계를 상당부분 극복하게 됩니다. 나아가 모든 인간은 평등하게 태어났고 누구도 침범할 수 없는 존엄성을 가지고 있다는 보편성을 중시하는 방향으로 발전합니다. 자유주의의 이런 진화는 물론 시대의 변화를 반영한 것이고, 그래서 역사적 산물입니다. 빈곤과 불평등이 심각한 문제로 떠오르면서 자본주의 경제에 문제가 있다는 인식이 확산된 데 따른 것이었습니다.

특히 주목해야 할 학자가 바로 케인스입니다. 그 역시 자유주의의 기본전제인 '불완전한 인간'에서 출발합니다. 하지만 그런 불완전함 때문에 우리의 지식은 제한될 수밖에 없고, 그래서 불확실성이 발생할 수밖에 없습니다. 사람들은 불확실한 상황에서 '기대'에 의존해 행동하게 되지만, 이 기대 자체는 비합리적인 것입니다. 이런 불확실성과 비합리적인 기대가 시장의 자동적인 메커니즘을 교란시키게 됩니다. 사람들이 모두 미래를 낙관하면 소비상품이든 금융상품이든 가격이 오르고, 비관하면 떨어지듯이 말입니다. 애덤 스미스는 시장의 가격기구가 불완전한 인간들에게 신호등 역할을 해서 합리적 질서를 만든다고 했지만, 케인스는 인간들은 비합리적인 기대를 하기 때문에, 가격은 시장의 진정한 수요와 공급을 반영하지 못한다고 보았습니다.

예를 들어, 주가에 대해 케인스는 기업의 내재적 가치를 반영한다기보다 군중심리의 결과에 불과하다고 믿었습니다. 그는 이를 미인선발대회에 비유합니다. 만일 100명을 놓고 6명을 뽑는 대회에서 미인을 맞히는 사람에게 상을 준다고 할 때, 사람들은 자신이 보기에 가장 미인인 후보에게 투표하기보다는 다수가 누구를 선택할지를 염두에 두면서 투표를 할 수밖에 없다는 것입니다. 이 경우 각 개인이 진정으로 생각하는 미의 기준은 실종되고 맙니다.

주식시장에서 '좋은 회사'와 '좋은 주식'이 따로 있는 것과 같은 이치입니다. 좋은 주식이란 회사 가치가 좋아서가 아니라, 시장 참여자들이 서로 좋아할 것 같은 주식이라는 판단이 모아져서, 실제로 투자수익률이 좋아질 수밖에 없는 주식입니다. 물론 이런 심리가 잘못 모아지면 시장은 요동을 치게 됩니다. 케인스가 금융시장은 참여자들의 비합리적인 행태로 인해 불안정할 수밖에 없기 때문에, 규제와 규율이 중요하다고 본 것도 이런 이유에서입니다.

사회적 자유주의가 지배하던 시대에 사람들은 야만의 시대와는 비교할 수 없는, 더 나은 삶을 영위했습니다. 양계장의 암탉들은 평생 먹이가 보장되었고, 작고 소소한 일상의 행복도 누립니다. 비슷한 처지의 암탉들과 마주보면서 평온한 삶을 꾸려갑니다. 그래서 굳이 울타리 밖에 어떤 삶이 있는지 그려보려 하지 않았습니다. 그렇게 적당히 배부른 타협에 길들여져가면서, 대신 농장 주인들을 위해 평생 열심히 알을 낳으며 산 것입니다.

4장

해체

지킬과 하이드

선과 악이 있었다.

한 몸 속의 선은 지성을 추구하고 자선을 베풀 것이다.

한 몸 속의 악은 부끄러운 쾌락에 몸을 맡기리라.

지킬 박사라는 이름은 고고한 삶을 이어가고

내 속의 악마성은 하이드라는 이름에 맡기자.

아무 거리낄 것 없이 악마적인 쾌락을 즐기리라.

하이드라는 이름으로

사회적인 압력, 타인의 시선에 거리끼지 않고

본능대로 거리를 휘젓고 다니리라.

철저히 분리되는 선과 악,

점점 거세져가는 악의 힘,

결국 하이드가 지배하는 몸이 되어버렸다.

악의 힘은 선을 무너뜨렸다.

가치와 생존 사이에서
갈등하는 두 얼굴의 자본주의

양계장의 균형을 깬 건 한 마리 암탉이었습니다. 양계장 그 너머를 동경해온 주인공 암탉은 잠시 문이 열린 틈을 타 철망을 박차고 나옵니다. 그러나 경제사 현실에서 양계장의 균형을 깨뜨린 쪽은 오히려 농장 주인들입니다. 주인공 암탉이 그토록 탈주하고자 소망한 양계장의 철망을 주인들이 먼저 벗겨버렸습니다. 바로 1980년대 이후 미국 자본주의입니다.

기업가와 정치인들은 대공황 이후 타협의 시대를 지탱해온 울타리를 순식간에 걷어냅니다. 노조와 정부, 업계의 거물들이 쌓아올렸던 울타리를 갈기갈기 해체합니다. 타협이라는 옷이 이제 이윤을 추구하는 데도, 정치적 이익을 도모하는 데도 거추장스러워졌기 때문입니다.

이로써 미국 자본주의의 나침반은 다시 정반대로 방향을 틉니다.

새로운 질서는 타협을 거꾸로 뒤집는 것. '요람에서 무덤까지 정부와 기업이 책임진다'는 표어는 '어떻게 살든 그건 당신들 책임이다'로 바뀝니다. '5달러짜리 하루를 보장할 테니 규율을 따르라'는 지침은 '이젠 자유다. 그러나 모두에게 5달러를 보장할 수는 없다'로 바뀝니다.

비록 평생의 시간을 팔아넘기긴 했지만, 안정되고 예측 가능하며 개인적 서사가 가능했고 그 서사 속에서 작은 행복도 찾을 수 있었던 울타리가 모두 허물어져내립니다. 평생의 시간을 팔아넘겨야 했던 감옥의 문이 활짝 열렸지만, 동시에 평생을 보장받던 보금자리도 순식간에 날아갔습니다.

주인들의 재개발 결정으로 암탉들은 삶의 터전을 잃고 쫓겨났습니다. 양계장을 나선 암탉들은 야생으로 내몰립니다. 각자도생(各自圖生)의 생존시대입니다. 암탉들은 당황합니다. 분명 자유가 더 주어진 듯한데 실상은 주인공 암탉이 꿈꾸던 것과는 전혀 다른 모습이었기 때문입니다. 오늘 배를 채우고 나면 내일 배 채울 것을 걱정해야 합니다. 먹이를 발견했다고 함부로 덤볐다가는 더 힘센 암탉들에게 온몸을 쪼이기 십상입니다. 그러니 더 날렵하고 더 힘센 암탉이 되기 위해 자기계발을 열심히 해야 합니다. 자유는 더 많은 자기책임을 요구하고, 자기책임은 끊임없이 스스로를 달달 볶도록 재촉합니다.

양계장을 나선 암탉들 앞에는 이처럼 태생적으로 익숙지 않은 새로운 질서가 펼쳐집니다. 해체된 울타리의 잔해더미 위로 새로운 자본주의가 재구성됩니다. 암탉으로서 보다 본질적인 가치를 미처 소망해보기도 전에 생존 자체를 소망해야 하는 상황이 도래한 것입니다. 그러나 혼란과 고통도 되풀이되면 길들여지는 법. 암탉들은 서서히 이런 식으로 살아가는 데 적응하게 됩니다. '이게 아닌데' 하면서도 이런 질서를 뼛속까지 받아들입니다. 이런 식으로 살아가는 것에 더 이상 의심을 품지 않고 순순히 적응합니다.

이것은 절망만 사라졌을 뿐 더 철통같은 또 하나의 양계장, 다만 눈에 보이지 않을 뿐인 또 다른 감옥이었습니다. 바로 지금 우리의 이야기이기도 합니다. 그러니 우리는 자본주의의 톱니바퀴가 순식간에 회전방향을 바꿔버린 연유를 잘근잘근 따져봐야 합니다.

울타리의 해체는 '양계장의 암탉'이라는 인간형 역시 철저히 해체합니다. '보금자리'와 '감옥' 사이에서 적당히 타협하고 살던 사람들은 이제 철저히 이중적인 삶, 분열된 삶을 강요받게 됩니다. 마치 로버트 루이스 스티븐슨(Robert Louis Stevenson)의 《지킬 박사와 하이드(The Strange Case of Dr. Jekyll and Mr. Hyde)》에서처럼 말입니다.

지킬과 하이드로 분리되기 전 지킬 박사는 선과 악 사이에서 적당히 타협하면서 살았습니다. 한편으로 자선과 지식증진의 고결한 가치를 추구하면서, 다른 한편으로는 부끄러운 쾌락에 남몰래 빠지기도 하면서 말입니다. 그는 자신의 이 두 요소를 다른 실체에 담아 분리해낼 수 있다면, 한 몸에 담고 있을 때의 갈등과 고통에서 해방될 수 있을 거라고 생각합니다. 부조리한 반쪽은 좀더 고결한 반쪽이 느낄 양심의 가책에서 벗어나 제 갈 길을 가면 되고, 올바른 반쪽은 악한 본성이 저지르는 행동에 더 이상 괴로워할 필요가 없을 테니까요.

지킬 박사는 결국 선과 악의 이중성을 분리하게 되고, 이로써 '악(惡)'으로만 구성된 하이드가 탄생합니다. 하이드는 거칠 것 없이 쾌락을 만끽합니다. 지킬과 하이드는 철저히 분열된 삶을 살게 됩니다. 마치 울타리가 해체되어 양계장을 벗어난 암탉들이 마음 깊은 곳에서는 보다 본질적인 가치를 소망하면서도, 현실에서는 생존 자체를 위해 어떤 일이든 다 해야 하는 것처럼 말입니다. 1980년대 들어 복지와 보호가 해체되고, 스스로를 끊임없이 달달 볶아야 하는 무한경쟁이 울타리를 대체하면서, 사람들은 이처럼 지킬과 하이드로 분열된 삶, 이중적인 삶을 강요받게 되었습니다.

분열은 나의 생존과 상관없는 문제라면 정의롭지 못한 것을 보아도 무시하도록 조장합니다. 공동체와 연대와 양심을 외면하게 만듭니다. 이제는 나의 생존 자체가 나의 소망이 돼버렸고, 내가 생존하기 위해서는 남보다 더 많이, 더 빨리 차지하지 않으면 안 되는 시대가 되었기 때문입니다.

울타리의 해체는 어울려사는 게 체질적으로 익숙지 않은 인간형을 만듭니다. 우리 아이만큼은 행복하고 밝게 키워야 한다면서도 나도 모르게 억지로 학원으로 떠밉니다. 아이에게 물려주어야 할 것은 건강한 몸과 긍정적인 인생관, 스스로 자신의 삶을 개척해가는 용기라고 생각하면서도 아파트 한 채는 물려줘야 한다는 강박관념에 사로잡혀 있습니다.

지금 내가 하고 있는 일이 내가 하고 싶은 일이 아니라고 느끼면서도 생존을 위해 스스로를 끊임없이 혹사시킵니다. 문득문득 초라한 자신을 보면서 이게 아닌데, 뭔가 잘못 돌아가고 있는데, 하는 생각도 잠시뿐, 다시 돈벌 궁리에 골몰합니다. 내가 살고 싶은 방식과 지금 내가 살아가는 방식의 분열, 영혼의 울림과 손발의 움직임 간 괴리, 소망하는 삶과 생존 자체를 소망해야 하는 현실의 분리…… 이처럼 보장과 보호의 해체는 우리에게 철저히 분열된 삶을 폭력적으로 강요하고 있습니다. 하이드로서의 삶을 전면화시킨 것입니다.

보금자리의 울타리를 허물어버린 오일쇼크

대공황 이후 양계장의 울타리를 만들고 지켜주던 버팀목은 케인스의 사상이었습니다. 노조를 기업운영의 주체로 인정하고, 노동자들에게 충분한 임금을 보장해 기업이 만들어내는 물건을 구매할 수 있도록 했습니다. 정부 역시 수요의 주체로 나서 사회복지를 위한 지출을 늘렸습니다. 그래서 타협의 시대 울타리는 미국식 복지국가 모델로 불리기도 했습니다.

그러나 1960년대 중반 이후 세계경제는 인플레이션으로 몸살을 앓기 시작합니다. 각국의 통화가 풀리면서 물가가 오르고, 물가상승은 임금인상을, 임금인상은 다시 물가상승을 불러왔습니다. 그런 가운데 1973년과 1979년 두 차례에 걸쳐 오일쇼크가 발발합니다. 몸살은 중병으로 번집니다.

당시 오일쇼크는 자동차 연료비가 더 들어가는 차원이 아니었습니다. 석유를 사용하는 모든 산업에서 생산비용이 상승했고, 그래서 기업들은 모조리 판매가격을 인상합니다. 물가가 오르면 허리띠를 졸라매는 게 지금 시각으로는 당연한 이야기지만, 당시만 해도 미국인들은 굳이 그럴 필요가 없었습니다. 아직은 튼튼한 울타리가 남아 있어 물가가 오른 만큼 임금을 더 받으면 되고, 설령 직장을 관둬도 든든한 실업보험이 있었으니까요. 그러나 이런 현상이 인플레이션을 더 자극했고, 인플레이션은 세계경제를 결국 위기로 몰고갔습니다. 인플레이션과 불황이 물고물리는 스태그플레이션 상황, 세계경제가 한 번도 겪어보지 못한 초유의 사태가 발생한 것입니다.

그때까지의 상식은, 불황이 되면 물건값이 떨어지는 것이었습니다. 케인스의 이론에 따르면, 불황은 기업이 생산하는 물건을 덜 사주기 때문에 생기는 현상입니다. 수요가 줄면 물가는 당연히 떨어지는 것이었습니다. 그러니 불황에는 물가가 오르는 인플레이션이 끼어들 여지가 없습니다. 그런데 불황인데도 물가가 폭발적으로 오른 것입니다. 오일쇼크 때문에 케인스도 예상하지 못한 일이 벌어지기 시작한 것입니다.

케인스의 처방도 수렁에 빠지고 맙니다. 불황을 타개하려면 수요를 진작시켜야 하는데 그랬다가는 인플레이션이 더 심해집니다. 그렇다고 물가를 잡기 위해 금리를 올리고 수요를 억제했다가는 반대로 불황이 더 심해질 수밖에 없습니다. 진퇴양난입니다.

케인스 식 처방이 무능함을 드러내면서 그의 사상에 대한 근본적인 반격의 포문이 열립니다. 노조에 너무 많은 힘과 권한을 주고 정부가 너무 방만하게 돈을 쓰는 바람에 인플레이션이 발생했다는 공격이 터져나옵니다. 적당히 일해도 먹고사는 데 지장이 없도록 해준 복지정책 때문에 경제의 체력이 거의 중병 든 노인 수준으로 떨어졌다는 공세가 빗발칩니다. 울타리를 유지하는 비용이 결국 인플레이션을 초래했고, 이런 울타리 자체가 암탉들을 해이하게 만들었다는 회의가 확산됩니다. 정부가 문제를 해결하는 주체이기는커녕 오히려 문제덩어리라는 비난이 퍼져갑니다.

결국 쏟아지는 반격의 포탄 속에서 타협을 지켜주던 울타리는 갈기갈기 해체되고 맙니다. 그래서 타협과는 정반대의 논리가 지배하는, 미국 자본주의의 새로운 국면이 펼쳐집니다. 이른바 '신자유주의(Neoliberalism)'입니다. 당시 세계경제를 기겁하게 했던 인플레이션은 이렇게 미국 자본주의를 재구성하는 계기가 되었습니다.

기업가들에게 절호의 찬스가 된 경제위기

그런데 여기서 한 가지 의문이 생깁니다. 케인스의 처방이 한계를 노출했다 하더라도, 울타리를 고치고 수리하면 될 텐데 왜

군이 다 뜯어내버렸느냐는 것입니다. 울타리가 너무 높으면 낮추고 재질이 너무 단단하면 좀 유연한 것으로 바꾸면 될 텐데, 왜 불도저로 싹 쓸어버리고 새로 재건축을 했느냐는 것입니다. 그것도 아주 무서운 속도로 말입니다. 더욱이 당시 경제위기는 돈을 너무 많이 푼 잘못된 통화정책과 오일쇼크라는 어쩔 수 없었던 불운에 크게 기인했습니다. 그런 상황에서 정책을 수정하는 정도라면 몰라도 케인스의 기본적인 사상까지 폐기처분하는 것은 너무 가혹한 처사 아니었을까요.

그것은 당시 사회 주류의 이해관계가 근본적으로 바뀌었기 때문입니다. 그리고 그 주류가 강력한 정치권력을 형성했기 때문입니다. 첫째, 돈 있는 사람들은 울타리를 수리해서 쓰는 것보다 허물고 재건축하는 게 돈을 버는 데 절대적으로 더 유리해졌습니다. 그래서 울타리를 과감히 허물 수 있는 강력한 정치세력을 필요로 했습니다. 둘째, 이런 주류의 이해관계 변화와 경제위기 상황을 등에 업고 새로운 사상으로 무장한 강력한 정치세력이 실제로 등장했습니다.

주류의 이해관계가 방향을 선회했다 해도 강력한 정치세력이 없었다면 울타리를 완전히 폐기하기는 어려웠을 것입니다. 또 주류의 이해관계가 바뀌지 않았다면, 기존의 패러다임을 코너로 밀어붙일 수 있는 위기상황이 아니었다면, 강력한 정치세력의 등장은 불가능했을 겁니다. 물고물리는 과정입니다. 어차피 돈과 권력은 물고물리는 관계입니다. 이 둘은 물론 때때로 긴장관계를 보이기도 합니다. 돈이 개인의 이익에 집중한다면 권력은 체제의 유지도 고민해야 하기 때문입니다. 그러나 기본적으로는 이해를 같이합니다. 주류의 재생산이라는 측면에서 말입니다.

애초에 울타리라는 것 자체도 루스벨트(Franklin Roosevelt, 재임 1933~1945)로 대표되는 강력한 정치권력이 대공황이라는 체제위기를 극복하기 위해 설계하고 만들었습니다. 루스벨트는 노조에 힘을 실어주었고, 이를 위해 기업가집단을 설득하기도 하고 압력을 넣기도 했습니다. 이 과정에서 개별 기업가들의 반발도 있긴 했지만, 결국 시대의 패러다임으로 자리를 잡습니다.

이는 루스벨트의 설계가 각각의 기업가는 몰라도, 주류 전체의 이해와 맞아떨어지는 것이었기 때문입니다. 포드주의라는 대량생산 체제가 확립되면서 기업가 입장에서도 대규모 노동인력을 확보하고 관리하는 데 노조가 유용했습니다. 그래서 민주당 출신의 루스벨트 이후 울타리가 허물어지기 시작한 1970년대 말까지 40여 년 타협의 시대를 거치는 동안 대통령 일곱 명 가운데 공화당 출신이 세 명이나 됐지만, 이들 역시 울타리를 강화하는 데 주력했던 겁니다. 공화당 출신의 닉슨(Richard Nixon, 재임 1969~1974)이 "우리는 이제 모두 다 케인즈주의자다"라고 선언했을 정도였습니다.

그러나 '대량생산 체제에 기반한 정치사회적 타협'이라는 기존 체제에 대한 주류 전체의 이해는 1980년대 들어 급반전합니다. 타협의 시대에 노동자들은 자신들이 생산하는 양과 보조를 맞추어 소득이 불어났고, 그래서 대량소비가 가능했고, 그래서 또 기업가의 대량생산이 유지되면서 돌고도는 선순환이 가능했습니다. 하지만 노동자들은 컨베이어벨트의 그 지긋지긋한 노동에 반발하기 시작합니다. 기업가들은 노동자들을 묵묵한 노동으로 유도하는 문제에서 한계에 봉착합니다. 거기다 임금인상 요구까지 거세집니다. 기업가들은 서서히 자신들의 몫에서 노조가 너무 많이 가져간다고 분노하기 시작합니다. 안 그래도 시장이 포화상태가 되면서 돈벌이도 예전 같지 않은데 말입니다.

이런 가운데 기술혁신은 기업가들의 전략을 근본적으로 뒤흔들어 놓습니다. 컴퓨터와 통신, 운송수단 등 다양한 분야의 기술혁신은 타협의 시대의 전제, 즉 대량생산 체제를 약화시킵니다. 기술혁신은 소비자들에게는 더 세분화된 소비욕구를 증대시켰고, 기업가들에게는 소비자들의 소비욕구를 불러일으키면서 동시에 충족도 시킬 수 있는 다품종 소량생산이 가능하도록 만들어준 것입니다. 포드의 공장에서처럼 군대조직 같은 일사분란한 노동력에 대한 필요가 줄어듭니다. 여기에다 운송수단의 혁명은 지구 자체를 축소시켜 버립니다. 수틀리면 공장을 옮겨 제3세계의 더 저렴한 노동력을 이용할 수 있도록 만든 것입니다. 노조의 눈치를 보고 협조를 구할 필요성도 점점 줄어듭니다.

기업가들의 이해와 전략이 근본적으로 선회하는 가운데 모든 것을 순식간에 바꿀 절호의 기회, 즉 경제위기가 찾아옵니다. 로널드 레이건의 강력한 카리스마는 이 모든 상황과 맞아떨어졌고, 주류의 기대대로 '종결자' 레이건은 모든 것을 순식간에 뒤집어엎었습니다. 노조를 무력화시키고 울타리를 다 뜯어낸 것입니다. 그래서 주류들이 더 많은 돈을 벌 수 있는 최적의 환경을 제공합니다. 그럼 이제 하나씩 살펴보겠습니다.

노조라는 울타리를 하나하나 뜯어내다

대량생산 체제의 양계장에 사는 암탉들도 서서히 지치기 시작합니다. 몸 한번 제대로 뒤척일 수 없는 쇠창살 안에서 품지도 못할 알을 매일 만들어내야 하는, 자신의 알도 아닌 주인들의 달걀을 생산하기 위해 몸속의 모든 세포와 근육을 짜내야 하는, 오로지 그런 생산만을 위해 먹어야 하는 현실이 점점 더 견디기 힘들어집니다.

컨베이어벨트 앞에 늘어선 노동자들은 지독한 작업속도와 기계적인 작업리듬을 감내하기도 이제 한계에 도달합니다. 늘 신경을 곤두세워야 하고, 귀는 하루종일 멍멍하고, 쉬어도 피곤이 풀리지 않는 상황이 반복되었기 때문입니다. 서서히 결근이 늘어나고 조립라인의 사고도 증가합니다. 불량률도 이직률도 상승합니다. 기업가들의 표현으로는, 노동자들이 해이해지기 시작한 겁니다.

예를 들어, 크라이슬러의 결근율은 1970~1975년 7.6퍼센트에서 9.7퍼센트로 상승합니다. 미국 주요 공업의 이직률은 1966년 40퍼센트에서 1972년 60퍼센트로 상승합니다. 당시 미국의 노조운동가들은 "빌어먹을! 용접이나 조립이 안 된 데가 있으면 누군가 고치겠지. 그냥 내버려둬!"라고 외칩니다. 당시 지식인들의 68혁명(1968년, 프랑스)도 점점 더 견딜 수 없게 돼버린, 감옥화되는 사회 전체의 정신에 대항하는 것이었습니다.

기업가들은 미쳐버릴 지경입니다. 이윤이 뚝뚝 떨어지는 게 눈에 훤히 보이기 때문입니다. 안 그래도 1960년대 중반 이후 기업가들은 돈벌기가 점점 더 힘들어졌습니다. 냉장고, TV, 자동차 등 내구재 상품들이 공장에서 쏟아져나왔지만 이제 웬만한 가정들은 갖출 건 다 갖추고 있었습니다. 시장이 포화상태에 이른 것입니다. 해외 시장에서도 선진국 기업간 경쟁이 가속화됩니다. 석유를 무기로 한 제3세계의 저항도 거세졌습니다. 거기다 암탉들의 저항이라니, 그야말로 첩첩산중입니다.

기업가들은 노동자들에게 월급을 적게 줄수록, 노동생산성이 높을수록 이윤이 많아집니다. 예를 들어, 선주(船主)가 어부들을 고용해 물고기를 잡는다고 가정해봅시다. 선주 입장에서는 첫째, 임금을 적게 줄수록 남는 게 많습니다. 둘째, 어부들이 고기 잡는 동안 어망을 더 열심히, 더 많이 던질수록 많이 남습니다. 셋째, 어망 만드는 기술이 발전해서 어망을 던질 때마다 물고기가 더 많이 잡힐수록 남는 게 많습니다.

그런데 일은 열심히 하지 않으면서 월급은 계속 올려달라고 하니, 죽을 지경입니다. 한마디로 암탉들의 노동동기를 유발하는 데 위기가 닥친 것입니다. 아무리 좋은 어망을 사줘도 손에 남는 게 줄어듭니다. 실제 미국 기업의 이윤율은 1965년부터 1970년대 중반까지 계속 하락합니다.

기업가들은 이런 상황의 원인으로 노조를 지목합니다. 노조 때문에 임금을 깎을 수도, 일을 더 닦달할 수도, 일 안 하는 사람을 내보낼 수도 없다고 판단한 것입니다. 반전입니다. 수발 잘 들고 상부상조하던 후배가, 내 입지가 애매해진 틈을 타 어느새 내 몫까지 넘볼 만큼 커버린 겁니다. 내쳐야 할 때가 된 겁니다. 한때 서로 좋을 때가 있었습니다. 사람들 왕창 뽑아서 컨베이어벨트에 배치해 일사분란하게 돌릴 필요가 있을 때는 누이 좋고 매부 좋았습니다. 임금을 조금 더 주긴 했어도 노조만 잘 상대하면 공장은 잘 돌아갔습니다. 더욱이 노조원들은 곧 소비자들이기도 했고요.

그러나 이제 노조가 장애물이 되기 시작했습니다. 자신들 목에 정면으로 칼을 겨누는 상황이 된 겁니다. 대안은 하나, 노조를 치는 것. 그동안 노동자들의 든든한 울타리가 돼주었던 노조를 하나하나 뜯어내는 것이었습니다. 그리고 사회 전체의 복지시스템을 해체하는 것, 그래서 각자 알아서 더 열심히 일하도록 만드는 것입니다. 울타리에 대한 기업가들의 이해관계는 이렇게 급선회했습니다.

알아서 스스로 달달 볶게 하라

문제는 어떻게 더 열심히 일하도록 하느냐 하는 것이었습니다. 타협의 시대가 한창 잘 돌아갈 때는 임금을 더 많이 줌으로써 규율을 받아들이고 회사에 충성하도록 했습니다. 그러나 일괄적인 고임금의 약발도 다했고, 이윤확보가 어려워지면서 그렇게 해줄 형편도 안 됩니다. 새로운 노동관리 방식이 절실합니다.

열심히 일하도록 하는 것, 다시 말해 봉급쟁이로부터 최대한을 뽑아내는 것, 이것은 봉급쟁이가 역사에 등장한 이래 기업가들의 핵심적인 관심사였습니다. 고용계약은 불완전할 수밖에 없기 때문입니다. 고용계약서에 '당신이 어느 정도로 열심히 일해야 하는가'까지 시시콜콜 명시할 수는 없습니다. 노동자들의 동기와 의욕, 신경 조직망까지 돈을 주고 살 수는 없으니까요. 울타리가 해체되면서 경영학이 번성한 것도 이 때문입니다. 한때 유행한 6시그마운동, 신바람경영 같은 것들도 사실 직원들을 더 열심히 일하게 하는 방법들 아닙니까. 쉽게 말해 어망 세 번 던지고 치울 것을 다섯 번 던지게 하는 방법에 대해 논한 것들입니다.

기업가들이 고임금과 안정성이라는 동기유발 장치와 관료제라는 관리장치 대신 새로 꺼내든 카드는 '노동자 스스로 알아서 달달 볶도록 하는 것'이었습니다. 자율과 경쟁, 그리고 신상필벌(信賞必罰)입니다. 이런 것들이 기존의 규율과 관료조직, 일괄적인 보상을 대체하게 됩니다.

자율은 곧 자기책임이고, 경쟁은 곧 차별화입니다. 그래서 자율과 경쟁은 결과에 대해 각자 책임지고 결과에 따라 차별적인 보상을 받는다는 것입니다. 차별을 자신의 책임으로 받아들이도록 하는 것, 바로 이것이 새로운 카드의 요체입니다. 그래서 엄격한 신상필벌이 필요합니다. 신상의 수단은 돈이고, 필벌의 수단은 해고입니다. 일 잘하는 사람은 엄청난 돈으로 특별대우하고, 물건에 하자가 있으면 교환하듯 일 못하면 언제든 갈아치우는 것입니다.

분위기가 살벌해집니다. CEO와 노동자 간 평균연봉 차이가 1970년 40 대 1에서 2004년에는 350 대 1로 계속 벌어집니다. 또 1980년대부터 정리해고가 유행처럼 번지면서, 미국에서는 1990~1994년에만 250만 명의 노동자가 해고됩니다. CEO들에게 많이 줘도 전체 노동비용이 줄기 때문에 수익은 더 커집니다. 그래서 더 많이 자르는 CEO에게 더 많은 봉급을 주는 악순환이 일어나는 것입니다.

이 모든 게 자기책임이고 자기 하기 나름이라는데 누가 열심히 안 하겠습니까. 알아서 스스로 달달 볶게 됩니다. 자동으로 돌아갑니다. 한마디로 상품시장 원리를 노동시장에 베낀 겁니다. 수요와 공급에 따라 몸값이 결정됩니다. 자기가 얼마짜리인지가 자기책임이기 때문에 알아서 상품성을 높여야 합니다. 알아서 비싼 값에 잘 팔아야 합니다.

30~40대도 스펙을 쌓아야 하고, 50대도 끊임없이 자기계발을 해야 합니다. 프라이팬에 참깨 볶듯 스스로 달달 볶아야 합니다. 최소한 환불되거나 반품처리되는 일은 없어야 하니까요. 암탉들을 풀어놓고 좋은 알을 낳는 만큼 먹이를 준다고 상상해보십시오. 죽기살기로 자기관리해서 더 크고 좋은 알을 낳지 않겠습니까. 알아서

기도록 하는 것, 기는 사람들 입장에서는 잔인하기 짝이 없지만 주인 입장에서는 이것만큼 좋은 게 어디 있겠습니까.

그래서 독일의 진보적 노동이론가 홀거 하이데(Holger Heide)는 "포스트포드주의는 고임금, 관료제, 사회적 재분배 체제를 제거하는 동시에 노동동기 유발의 극심한 결핍을 타개하려는 모든 시도에 적용될 수 있다. 이것은 노동자들이 그들 자신을 극한까지, 아니 극한을 넘어서까지 착취하도록 만드는 가장 강력한 제안이었다"고 비판합니다. 그러면서 이 자유라는 개념에 대해 "그것은 개인이 자본주의적 패러다임을 내면화하고 그에 따라 행동하게 되는 조건하에서의 자유, 그리고 그렇게 하는 만큼의 자유를 의미한다"고 고발합니다.

노조는 무력해질 수밖에 없습니다. 노동자들 사이에서 같은 이해관계와 동병상련의 동지애를 더 이상 기대하기 어렵습니다. 이는 다시 임금에 충격을 줄 수밖에 없습니다. 해고의 칼바람이 부는 상황에서 노조가 임금인상을 요구하기란 불가능하고, 해고가 증가하면서 노동자들이 저임금 일자리를 놓고 더 심한 경쟁을 벌여야 하기 때문입니다. 고임금과 안정적인 일자리라는 울타리는 이렇게 하나씩 벗겨져나갑니다. 더 이상 평생의 시간을 팔아넘길 수도 없게 되었고, 설령 일부 시간을 팔더라도 그 대가로 보금자리를 얻기는 어려워졌습니다.

순식간에 세계화를 만들어버린 컨테이너박스

　　이처럼 암탉들로 하여금 알아서 달달 볶도록 하는 것, 즉 자율의 탈을 쓴 강제적 노동동기 유발이 실질적으로 가능했던 밑천은 기술의 혁신입니다. 아무리 울타리에 대한 기업가들의 이해관계가 바뀌고, 또 울타리를 허물고 싶은 의지가 하늘을 찔러도 기술혁신이라는 사회 하부구조의 진화가 없었다면 실행은 불가능했을지 모릅니다.

　역사라는 것이 늘 그렇듯, 산업혁명과 같은 기술발전이 사람들의 이해관계와 의지를 바꾸기도 하고, 반대로 사람들의 이해관계 변화가 그런 기술발전을 재촉하거나 변형하기도 합니다.

　당시 기업가들로 하여금 과감히 울타리를 해체할 수 있도록 자신감을 주고, 또 울타리를 해체하지 않으면 안 되도록 그들을 몰고간 것 가운데 하나가 바로 컨테이너 같은 운송수단의 혁명입니다. 더 싸고 더 질 좋은 달걀을 어렵지 않게 들여와 팔 수 있게 되면서, 주인들은 암탉 노동자들의 눈치를 볼 필요가 사라졌습니다. 수틀리면 양계장을 옮겨 제3세계의 더 저렴하고 순종적인 암탉들의 노동력을 이용하면 됩니다. 노조의 눈치를 보고 협조를 구할 필요도 줄어듭니다. 또 지구 어느 곳이든 순식간에 달걀을 수출할 수 있게 되면서, 굳이 자국의 암탉 소비자들에게 목을 맬 필요성도 줄어들게 됩니다.

　이처럼 컨테이너는 세계를 마치 축척지도처럼 좁혀버렸습니다.

컨테이너박스. 컨테이너는 단순한 강철상자가 아니다. 세계무역 역사의 혁명을 촉발했고,
세계화에 따른 무한경쟁의 단초가 되었다.

물론 전지구를 확 축소시켜버린 데는 위성통신과 인터넷 등의 공이 절대적이었습니다. 하지만 시작은 멋대가리 없이 생긴 저 직육면체 강철상자, 바로 컨테이너였습니다.

컨테이너는 1956년 도입된 이후, 1960년대 미국이 베트남전에 참전하면서 군수품을 조달하기 위해 본격적으로 사용하기 시작합니다. 첨단의 이미지라고는 전혀 찾아볼 수 없는, 볼품없는 저 강철상자가 없었더라면 국제무역이 그렇게 급성장하지 못했을 것입니다.

사실 컨테이너의 아이디어는 간단합니다. 거대한 크레인을 이용해 트럭의 트레일러째 배에 싣고, 도착해서도 다시 트레일러째 화물차에 옮겨 수송하는 것입니다. 별거 아닌 것 같지만 세계무역 역사에서는 혁명과 같은 발상이었습니다. 세상을 바꿨으니까요.

컨테이너가 없다고 한번 생각해보십시오. 배가 도착하면 부두의 수많은 인부가 달라붙어 크기와 종류가 천차만별인 화물을 배에서 내립니다. 부두 인근의 창고에 보관했다가 분류해서 다시 트럭에 옮겨실어야 합니다. 화물을 선적할 때도 비슷한 과정을 거칩니다. 시간도 오래 걸릴 뿐 아니라 막대한 비용이 듭니다. 그러나 표준화된 컨테이너의 도입으로 각국을 오가는 운송비용은 혁명적으로 줄어듭니다. 한 나라 안에서 트럭으로 운송하는 것보다 다른 나라에 배로 운송하는 게 더 싸게 먹히는 경우도 생깁니다.

운송비용의 감소는 전지구적인 공급체계를 가능하게 했습니다. 국가와 위치에 상관없이 가장 싸게 조달할 수 있는 곳에서 부품과 반제품을 들여오고, 가장 싸게 조립할 수 있는 곳에서 완제품을 만듭니다. 그리고 가장 많이, 가장 비싸게 팔 수 있는 곳에다 쏟아냅니다. 물건을 만들고 파는 데 거리는 이제 전혀 문제가 되지 않습니다. 그래서 1970년대 말부터 "펭귄에게 바느질을 가르칠 수 있다면 남극에서도 생산을 할 것"이라는 자조적인 농담이 노동자들 사이에 오가게 됩니다.

예를 들어, 전세계적으로 1초당 두 개가 팔린다는 바비인형의 나일론 머리카락은 일본에서 만듭니다. 플라스틱 몸체는 타이완에서 만듭니다. 색료와 인형 장식에 쓰이는 그림들은 미국에서 옵니다. 이 모든 것을 모아 중국 등지에서 조립하는데, 이때 중국이 제공하는 것은 옷감과 노동력뿐입니다.

중국에서 마무리된 완제품이 홍콩을 통해 미국으로 들어올 때 수출가격은 2달러입니다. 이중 65센트가 재료비고, 35센트가 중국 노동자들의 임금입니다. 나머지 1달러는 홍콩이 취하는 마진과 경상비용, 그리고 운송비입니다. 이렇게 해서 미국에 들어온 바비는 10달러에 팔립니다. 전세계가 하나의 경영단위가 되면서 엄청난 '규모의 경제'가 발생하는 것입니다.

컨테이너를 앞세운 자본주의가 비집고 들어갈 수 없는 틈새는 거의 없습니다. 이것이 바로 세계화입니다. 국경을 넘어 지구촌 전체가 하나의 경영단위가 되었다는 의미입니다. 뉴욕에서 디자인한 옷을 중국에서 만들어 다시 뉴욕과 파리에서 파는, 이 모든 과정이 며칠이면 가능합니다. 시장도 생산도 지구촌화합니다. 무역이 증가하고, 해외투자도 늘어나고, 무역과 해외투자에 필요한 국제 금융거래도 확산됩니다.

그래서 전세계 모든 나라가 모든 기업의 고객이 되고 또 종업원이 됩니다. 이는 모두가 모두의 경쟁자가 되었다는 뜻이기도 합니다. 각 기업들간의 경쟁만이 아닙니다. 투자를 유치하기 위해 모든 정부가 모든 정부와 경쟁하고, 일거리를 얻기 위해 모든 노동자가 모든 노동자와 경쟁하게 됩니다. 이런 경쟁은 결국 양계장 암탉들로 하여금 스스로 알아서 달달 볶도록 만듭니다.

세계화란 좋은 것인가, 나쁜 것인가

모두가 모두의 경쟁자가 되는 체계가 구축되면서, 이제 컨테이너를 통해 운반되는 건 상품만이 아닙니다. 더 저렴한 임금이 운반되고, 더 저렴한 가격이 운반되며, 그래서 더 많은 이윤이 운반됩니다. 그리고 물건이 운반되는 경로를 거슬러 일자리가 빠져나가고, 노동자들의 소득이 빠져나갑니다.

미국처럼 좀 사는 나라 입장에서는, 쉽게 움직일 수 있는 건 유리해졌고 쉽게 움직일 수 없는 건 불리해졌습니다. 자본은 유리해졌고 노동은 불리해졌습니다. 주류와 상류층은 더 많은 이윤을 얻게 되었고, 일자리와 임금이 감소한 노동자들은 바닥으로 치닫는 경쟁에 직면합니다. 불평등이 심화됩니다. 이른바 20 대 80의 사회가 도래합니다. 중산층이 해체되면서 80으로 재편되고, 사회의 부는 20에 집중됩니다.

그러나 좀 덜 사는 개발도상국이나 못사는 제3세계 입장에서 보면 세계화가 반드시 부정적인 면만 있는 건 아니라는 주장도 있습니다. 진보적 자유주의자인 폴 크루그먼도 이런 입장입니다.

세계화가 반드시 아름다운 것은 아니다. 제3세계의 수출품은 서구적 기준으로 보자면 열악한 노동환경에서 극히 적은 임금을 받는 노동자들이 생산한 것이다. 이런 사실에 개의치 않는 사람은 심장이 없는 것이다. 그러나 세계화에 반대하는 것이 세계적 빈곤문제를 해결하는 길이라고 믿는 사람은 두뇌가 없거나 두뇌를 사용하지 않는 쪽에 속한다. 반세계화운동은 그들이 보호하려는 사람들에게 해를 입히고 있다. 1993년 방글라데시 어린이들이 수출용 옷을 만든다는 사실이 알려지자, 톰 하킨 상원의원은 어린이 노동자가 만든 물건을 수입하지 못하도록 하는 법안을 발의했다. 그 결과 방글라데시의 직물공장은 더 이상 어린이들을 고용하지 않았고, 어린이들은 더 나쁜 일을 하거나 거리로 나왔다. 제3세계는 저임금으로 수출품을 만들기 때문에 가난한 것이 아니라, 가난하기 때문에 저임금 수출품을 만드는 것이다.

_〈헤럴드트리뷴〉, 2001. 4. 23.

크루그먼은 또 "저임금에 열악한 환경이라도 일자리가 없는 것보다는 낫다"고 했습니다.

크루그먼의 주장은 타당한 측면이 있습니다. 한국 역시 세계화에 기대어 이만큼 성장한 건 틀림없는 사실입니다. 세계화가 인간의 삶과 인간성까지 피폐하게 만드는 외부적 요인인 것은 분명하지만, 기업이 정리해고를 하고 다운사이징하는 원인을 모두 세계화의 탓으로만 돌릴 수는 없습니다.

더 큰 문제는 세계화 자체가 아니라, 세계화를 어떻게 이용하고 관리하는가 하는 주체의 문제입니다. 그래서 진짜 심각한 문제는 세계화 자체보다 관리의 주체가 힘을 잃었다는 것이죠. 우리는 지금의 가난과 불평등에 대응하고 있는 수준보다 훨씬 잘 대처할 수 있는데, 그 구심이 힘을 잃어가고 있다는 이야기입니다. 바로 정부의 무력화입니다.

세계화로 정부는 소위 '나와바리'가 줄었습니다. 전세계를 무대로 휘젓고 다니는 기업을 통제하기가 점점 어려워지고 있다는 의미입니다. 정부가 기업에 자릿세를 요구했다가는 관내 업체들이 다 다른 데로 떠날 판입니다. 기업은 세금이 적고 규제도 심하지 않은 곳으로 옮기면 그만입니다. 때문에 정부가 특혜를 줘서라도 모셔와야 하는 상황이 됩니다. 법인세를 인하하고 규제를 없애려는 정부 간 경쟁이 치열해집니다.

그만큼 재정은 비고, 노동자들을 위한 사회안전망은 축소됩니다. 자국민들의 복지와 안전을 보장해줄 수 있는 능력은 점점 줄어들고 맙니다. '세계화 쓰나미'가 몰아쳐도 방파제가 튼튼하면 피해를 줄일 수 있지만, 이런 방파제를 쌓아야 할 정부의 의지도 힘도 갈수록 약해집니다.

이처럼 타협의 시대를 지탱하던 안정적 일자리와 고임금의 울타리, 그리고 노동과 자본 사이에서 균형을 유지해주던 정부라는 울타리는 이런 세계화 때문에라도 더 이상 버티기가 힘겨워졌습니다.

울타리를 만든 기술, 울타리를 허문 기술

이번에는 기술의 발전과 혁신이 울타리를 허무는 데 어떤 역할을 했는지 살펴보겠습니다. 자본주의 역사를 돌이켜보면, 특정한 사회 패러다임과 특정한 인간형은 그런 패러다임과 인간형을 필요로 하는 기술수준을 전제로 하고 있음을 알 수 있습니다. 산업혁명과 기계의 발전이 대량생산 체제의 울타리를 만들고, 그 울타리 안에서 평생의 시간을 팔아 보금자리를 얻는 인간형을 만들었듯이 말입니다. 특정한 기술 패러다임은 특정한 사회 패러다임의 필요조건입니다.

반대도 가능합니다. 특정한 사회 패러다임과 특정한 제도가 기술의 수준을 규정하기도 합니다. 자본주의를 한번 보십시오. 자본주의는 압축적 기술발전을 내재적으로 강제하는 제도장치입니다. 한때 이슬람이나 중국은 유럽보다 더 과학기술이 발전했습니다. 하지만 유럽과 미국은 자본주의 제도를 발전시킴으로써 이슬람과 중국의 기술을 순식간에 제쳐버렸습니다. 자본주의가 그 짧은 역사 속에서도 그렇게 비약적으로 경제를 성장시킬 수 있었던 것은 자본주의라는 제도의 속성 덕분입니다.

자본주의의 속성을 생각해볼까요. 자본주의는 '다른 사람들이 원하는' 상품을 '더 낮은 비용으로' 만들어 경쟁에서 승리한 사람들이 지배층이 되는 최초의 경제체제입니다. 자본주의 이전 시대의 사람들은 자신의 필요를 충족시키기 위해 물건을 만들었고, 사회의 위계는 힘에 의해 규정되었으며 신분제로 보장되고 세습되었습니다. 자본주의가 역사의 진보인 것도 다른 사람들에게 팔기 위해 물건을 만드는 사회적 분업을 형성하고, 그래서 신분제를 없애버렸기 때문입니다.

자본주의는 '다른 사람이 원하는 것'을 제공해야 하기 때문에 늘 기술혁신에 신경을 쓰게 됩니다. 또 '더 낮은 비용'으로 상품을 만들어야 경쟁에서 이길 수 있기 때문에 끊임없이 기술혁신에 몰두하게 됩니다. 이런 기술혁신은 역으로 사람들의 욕망을 변화시키고 새로 만들기도 합니다. 욕망과 기술혁신은 꼬리에 꼬리를 물고 이어집니다.

이처럼 특정한 기술 패러다임은 사회 패러다임의 전제조건이지만, 역으로 사회제도가 기술 패러다임을 변화시키기도 합니다. 그래서 기술혁신이 자본주의를 탄생시켰는지, 아니면 자본주의가 기술혁신을 불러왔는지, 무엇이 먼저였는지 딱 꼬집어 얘기하기가 쉽지 않은 것입니다.

자본주의에서의 기술발전을 추적하다 보면, 어느 단계에서는 울타리를 구축하는 데 결정적인 역할을 하다가도, 이후 그 울타리를 허무는 데 지대한 역할을 하기도 합니다. 기업가들은 울타리를 만들고 허무는 데 기술을 최대한 활용합니다.

타협의 시대를 지탱하던 울타리를 허문 것이 바로 1970년대 이후 전자공학, 통신기술, 컴퓨터기술의 발전에 따른 정보기술혁명입니다.

산업혁명 이후 기계의 발전은 대량생산 체제를 가능하게 함으로써 울타리를 만들어주었습니다. 대량생산체제를 통해 생산된 자동차, 냉장고, 세탁기 등은 우리의 삶을 근본적으로 변화시켰습니다. 그래서 이로 인한 생산성의 향상과 경기호황의 과실이 모두에게 돌아갔습니다. 대공황으로 위기에 처한 자본주의를 살리고, 여러 가지 한계에도 불구하고 사람들의 삶을 어쨌든 풍요롭게 만들었습니다.

하지만 정보기술혁명의 전개과정은 반대였습니다. 제2차 세계대전 이후 식기세척기·에어컨·TV·라디오 등을 무더기로 구입한 것은 미국의 가정이었지만, 컴퓨터를 공격적으로 구입하고 인터넷을 주도적으로 생산과정에 적용한 것은 기업이었습니다. 정보기술은 결국 암탉들로부터 울타리를 빼앗았고, 기술혁명으로 인한 생산성 향상의 과실도 주로 일부에게만 돌아갔습니다. 승자독식 체제를 정착시키고 공동체와 연대를 해체하는 데 결정적인 역할을 했습니다.

첫째, 인터넷과 위성통신의 발전이 운송수단의 혁명 이상으로 전 세계 값싼 노동력으로의 접근을 용이하게 하면서, 만인에 대한 만인의 경쟁 체제를 불러왔습니다. 정보컴퓨터기술은 기업들이 생산을 조직하는 방식을 바꿨습니다. 생산과정을 부분부분 나누어 각각을 다른 나라들에 찢어놓는 생산의 파편화도 가능해졌습니다. 정보이동 비용이 하락하면서, 옷을 만들더라도 굳이 생산자와 디자이너가 같은 나라에 살 필요가 없게 된 것입니다. 이런 생산의 파편화는 기업의 해외투자, 그리고 외주화를 촉진시켰습니다. 이는 앞서 언급한 운송수단의 혁명과 함께 세계화를 심화시켰습니다.

둘째, 정보기술혁명에 따른 전산화, 자동화, 첨단소프트화가 노동자들의 일자리를 대체했습니다. 사실 기계가 인간을 대체할 것이라는 두려움은 증기기관 방적기가 출현한 산업혁명 초창기부터 있어왔습니다. 그래서 영국의 직물노동자들은 기계를 파괴하는 폭동을 일으키기도 했습니다. 1890년대 이후 철강노동자들도 기계가 복잡한 일을 대신하면 사람들은 단순작업밖에 할 게 없을 거라고 우려했습니다. 하지만 사실 기계 도입에 따른 인간노동 대체 우려는 과장된 측면이 많았습니다. 오히려 포드주의에서 보았듯이, 노동자들을 더 많이 필요로 했고 그들을 한곳으로 더 많이 모으는 역할을 했습니다.

그러나 1970년대 이후 컴퓨터와 인터넷 발전에 따른 정보기술혁명은 컴퓨터가 인간을 어떻게 대체하는지 극명하게 보여주었습니다. 컴퓨터기술에 기반한 공장자동화, 서비스자동화는 수많은 일손을 현장에서 내몰았습니다. 단적으로 은행만 해도 그 많던 창구직원이 다 사라지지 않았습니까. 또 고기술 노동자들의 임금은 올리고, 저기술 노동자들의 임금은 떨어뜨리고 있습니다.

이처럼 정보기술혁명에 따른 세계화와 인간노동 대체는 울타리를 해체하면서 불평등을 심화시켰습니다. 울타리를 근간으로 하는 케인스주의는 기술혁신과 더 이상 조합을 이룰 수 없게 된 것이죠. 그렇다고 정보기술혁명이 자동차와 세탁기와 냉장고만큼 우리의 삶을 근본적으로 변화시킨 것도 아닙니다. 미국의 경제학자 로버트 고든(Robert Aaron Gordon)은 이에 대해 유명한 말을 남겼습니다.

인터넷서핑은 즐겁고 많은 정보를 알려준다. 하지만 이것이 가져다준 생활수준의 향상은 옛날 전구가 발명되어 밤이 낮으로 바뀌고, 모터가 발명되어 공장 효율성의 혁명이 이루어지고, 자동차가 나와서 유연성과 자유를 얻고, 비행기가 나와서 시간이 절약되어 지구가 줄어들고, 전화가 나와서 새로운 일들이 가능해지고, 라디오와 텔레비전이 나와 안방에서 새로운 뉴스와 오락을 즐기게 되고, 도시위생과 가내 수도관을 통해 평균수명, 보건, 관리가 증진된 것에 비교한다면 훨씬 적은 것에 불과하다.

_로버트 하일브로너의 《자본주의(The Making of Economic Society)》에서 재인용

하지만 1970년대 이후 진행된 정보기술혁명에 대해, 울타리를 허물고 불평등을 심화시켰으며 인간생활에 세탁기만큼 도움이 안 됐다고 완전히 결론을 내릴 수는 없습니다. 왜냐하면 이 새로운 기술로 경제생활이 어떻게 바뀔지 아직 충분히 드러나지 않은 것인지도

모르기 때문입니다. 앞으로 디지털기술을 새롭게 적용하는 일들이 더욱 발전할 것이고, 디지털화가 사람과 사람 사이의 관계, 노동이나 창조에 대한 인간의 태도에 근본적인 변화를 가져올 수도 있기 때문입니다. 우리가 살고 있는 지금, 디지털화가 단순히 울타리를 허물기만 하는 역할 이상의 역할을 하고 있고, 또 앞으로 여러 혁신이 어떤 경제적 결과를 가져올지 예측하기란 쉽지 않습니다. 이에 대해서는 마지막 장에 다시 말씀드리겠습니다.

미 국방부, 상업적 기술혁신을 리드하다

1970년대 이후 타협의 시대 울타리를 허문 기술혁신은 1940년대 후반 이후 미국과 소련의 대결구도, 즉 전쟁구도에서 비롯되었습니다. 1970년대 기술혁신의 출발점은 냉전기간 미국 국방부와 항공우주국(NASA)입니다. 소련과의 경쟁이 미 국방부로 하여금 과감한 신기술 개발을 추진하도록 자극했고, 이 신기술이 나중에 민간부문으로 유입되면서 본격적인 상업적 기술혁신이 이루어졌습니다.

예를 들어, NASA 개발자들은 무기가 스스로 기억하는 능력을 갖추도록 하기 위해 진공관에서 시작해 반도체를 발명했습니다. 이것이 실리콘웨이퍼에 새겨지는 초소형 집적회로가 되고, 다시 컴퓨터의 주요 부품이 되었습니다. 인터넷 역시 복잡한 정보를 실시간으로 소통하려는 국방부의 필요에 의해 만들어졌습니다. 컴퓨터에 기반한 공장자동화 시스템은 신속한 군수품 생산을 위해 개발되었고, 광섬유와 인공위성 개발 역시 군의 필요 때문이었습니다. 기업들은 1970년대 이후 컴퓨터로 대표되는 기술혁신을 공격적으로 구입합니다. 앞서 말씀드린 대로 20세기 운송혁명을 불러온 컨테이너는 베트남전 때 정글에서 대량으로 사용되는 물자를 조달하기 위해 본격적으로 사용되었습니다.

미국과 소련은 똑같이 신무기 개발을 위해 신기술 경쟁을 벌였지만 유독 미국에서만 이것이 상업적 기술혁신으로 이어진 것은 바로 기업가들의 이윤동기 때문입니다. 그들은 더 많은 이윤을 얻기 위해 군수품을 나르는 컨테이너로 상품을 나르며 운송혁명을 초래했고, 몇 가닥에 불과하던 인터넷망을 확대시켜 인터넷혁명을 일으켰습니다.

그런데 이와 같은 컨테이너, 반도체, 컴퓨터, 인터넷, 인공위성, 공장자동화 등의 신기술은 미국 내의 대량생산 체제를 약화시킵니다. 한편으로는 '규모의 경제'를 약화시키면서, 다른 한편으로는 전 지구적 공급체계 즉 세계화를 본격화하면서 말입니다.

규모의 경제란 생산량이 늘어날수록 그 상품의 평균비용이 감소하는 것을 말합니다. 포드주의 체제에서는 거대기업들이 대량으로 조립되는 수십만, 수백만 개의 표준화된 고정비용을 분산할 수 있었기 때문에 제품비용을 극적으로 낮출 수 있었습니다. 그러나 기술혁신으로 인해, 굳이 대규모생산을 하지 않아도 비용은 더 낮아질 수 있게 됩니다. 인터넷과 소프트웨어로 주문, 조달, 재고관리까지 할 수 있게 되면서 말입니다. 적당한 크기의 기업들이 새로운 기술로 무장한 채 거대기업에 맞설 수 있게 된 것입니다. 거대기업의 가격설정 능력은 떨어지고, 동시에 거대기업 체제로 지탱하던 타협과 계획의 논리도 근거가 약해지기 시작합니다. 이와 함께 운송과 통신기술의 발달은 지구적인 공급체계를 가능하게 했는데, 이로 인해 부품이든 완제품이든 서비스든 국적에 상관없이 가장 싸게 잘 공급할 수 있는 곳에서 주달할 수 있게 됩니다.

자유와 경쟁이라는 새로운 이데올로기

케인스 식 처방의 한계는 새로운 처방을 불러들였고, 새로운 처방은 새로운 이데올로기를 불러들였습니다. 새로운 이데올로기는 타협의 시대와는 전혀 다른 새로운 관습과 도덕, 새로운 인간형과 생활양식을 강제하게 됩니다. 이 새로운 이데올로기의 화두는 '자유'와 '경쟁'이었고, 이는 막 양계장의 울타리를 걷어치우기 시작한 기업가들의 생각과 정확히 일치하는 것이었습니다.

그런데 울타리를 허무는 이 모든 변화를 주도하고 완성한 것은 바로 정치였습니다.

역사라는 기차가 굽이를 돌 때마다 낡은 기관사들은 역사 밖으로 튕겨져나가고, 그 자리를 새로운 기관사가 대체합니다. 울타리를 해체하고 자본주의를 재구성한 새로운 기관사는 바로 로널드 레이건(Ronald Wilson Reagan, 대통령 재임 1981~1989)과 마거릿 대처(Margaret Hilda Thatcher, 총리 재임 1979~1990)였습니다. 미국과 영국에 레이건과 대처의 강력한 보수정부가 등장하지 않았다면, 새로운 질서는 그렇게 빨리 공고해지지 않았을지도 모릅니다. 물론 보수정부의 출현은 변화된 자본주의 환경의 산물이었지만, 정치가 기존의 제도와 규범을 그토록 강력하게 해체하지 않았다면 결과가 달라졌을지도 모른다는 이야기입니다. 레이건이 '공화당의 루스벨트'로 불리는 것도 바로 이 때문입니다.

1930년대 루스벨트는 대공황 이후 미국 자본주의를 근본적으로 바꿔놓았습니다. 야만을 뒤집어 타협의 울타리를 세운 것입니다. 그로부터 50년 뒤 레이건은 미국 자본주의를 다시 근본적으로 되돌려놓았습니다. 타협을 뒤집어 다시 야만의 시대와 닮은꼴을 만들어버린 것입니다.

레이건은 남부 백인들 사이에 인종차별적인 정서를 교묘히 조장하며 대통령에 당선됐습니다. 그러고는 정부 요직에 케인스주의 공격에 앞장섰던 공급 중시 경제학자들을 포진시킵니다. 1970년대까지만 해도 말이 양당체제지, 공화당이나 민주당의 정책은 별반 차이가 없었습니다. 모두 다 케인스주의자였습니다. 그러나 레이건 때부터 양당의 노선은 확실히 갈라지고 국민들 사이에서도 양당 지지파가 선명하게 나뉩니다.

수요 중심 케인스주의의 한계가 드러난 만큼, 레이건 행정부의 새로운 처방은 공급을 활성화하는 데 집중됐습니다. '고비용·저효율'의 기업과 국가를 '저비용·고효율'의 수익성 위주 구조로 재편해서, 기업의 경쟁력을 키우고 국가의 성장잠재력을 높여야 한다는 것이었습니다. 우리도 외환위기 이후 귀에 못이 박이도록 많이 들은 표어입니다.

저비용구조로 만든다는 것은 당시 만연해 있던 인플레이션 체질을 개선하는 것이었습니다. 더 근본적으로는 '물가상승→임금인상→물가상승→임금인상'이 고리를 끊어내는 것이었습니다. 우선 경제주체들의 인플레이션 심리, 즉 물가상승 기대심리를 꺾기 위해 강력한 디플레이션 요법이 동원됩니다. 국민 모두가 허리띠를 졸라매는 생활을 해야 한다는 인식을 확실하게 심어주는 것이죠. 이를 위해 금리인상, 공공지출 삭감, 공공부문의 차입 억제 등이 실시됩니다. 특히 인플레이션을 유발하는 임금인상을 차단하기 위해, 노조의 강력한 협상력을 깨뜨리고 그 협상력을 기업가 측에 완전히 돌려주는 작업이 진행됩니다.

노조의 협상력을 무력화하는 가장 좋은 방법은 역시 '당신 말고도 일할 사람은 많다'는 협박입니다. 노동자들도 해고의 위협 앞에서는 뭉치는 대신 파편화되어 서로 경쟁할 수밖에 없으니까요. 국가정책적으로 기업들은 노동자를 해고하기가 쉬워졌고, 시간과 공간에 구애없이 유연하게 노동자들을 사용할 수 있게 되었습니다. 노조는 와해되었고, 임금은 집단적인 협상이 아니라 개인적인 수요와 공급의 법칙에 따라 결정되었습니다.

고효율화란 노동생산성을 높이고 좀더 혁신적인 기술을 개발하는 것입니다. 어부들로 하여금 주어진 시간 동안 더 자주 어망을 던지도록 강제하고, 한 번 어망을 던질 때마다 더 많은 물고기를 잡을 수 있도록 더 좋은 어망을 개발하는 것입니다. 새로운 정치세력은 사회보장제도가 잘돼 있을수록 노동자들은 노후에 대한 불안이 덜하기 때문에, 안 그래도 고된 일을 굳이 더 열심히 할 유인이 줄어든다고 생각했습니다. 그래서 처방은 복지지출을 줄이는 것이었습니다. 노후가 보장되지 않기 때문에 노동자들은 더 열심히 일하고 더 열심히 저축해야 합니다. 이로 인해 증가하는 노동자들의 저축은 자본시장으로 유입돼 기업가들의 투자가 확대되는 선순환 효과도 가져올 수 있다는 것이 새로운 정책입안자들의 판단이었습니다.

복지 축소와 함께 세금도 큰 폭으로 인하됩니다. 어차피 노동자들에게 중요한 것은 세후소득이고 기업가들에게 중요한 것은 세후이윤이기 때문에, 노동의욕을 북돋우고 투자의욕을 자극하기 위해서는 세금인하만 한 게 없다고 본 것입니다.

세금인하는 '균형재정'이나 '작은 정부론'과도 연결됩니다. 세금인하로 인해 세수가 감소하기 때문에, 정부지출을 줄이지 않으면 대규모 재정적자가 불가피합니다. 정부의 국공채 발행 등으로 인한 재정적자는 실질이자율을 높여 민간의 투자를 감소시키기 때문에, 이를 막으려면 균형재정과 작은 정부가 불가피하다는 겁니다.

레이건 행정부의 데이비드 스토크먼(David Stockman) 예산국장은 정부를 짐승(the beast)에 비유하면서, 짐승을 굶기듯이 감세정책으로 세입을 감소시켜 정부의 역할을 축소해야 한다고 주장하기도 했습니다. 외환위기 이후 우리나라 주류경제학자들이 체질적으로 재정적자에 반감을 표하면서 균형재정을 과도하게 강조하고, 정부지출의 구조조정을 줄기차게 요구한 것도 이런 맥락에서입니다.

강력한 레이건 정부가 스스로 그 강력한 정부를 약화시킨 셈입니다. 권력과 자본의 관계가 역전되었습니다. 권력우위에서 자본우위로 말이죠.

이로써 타협의 시대는 순식간에 비타협의 시대로 재구성됩니다. 비록 평생의 시간을 팔아넘기긴 했지만 안정되고 예측 가능했던 암탉들의 보금자리도 해체됩니다.

해체의 시대에 맞는 사상을 찾아내다

변화는 늘 새로운 사상과 사상가를 앞세우거나 동반합니다. 헤겔(George Wilhelm Friedrich Hegel, 1770~1831)이 "사상은 시대의 아들"이라고 말한 것도 이런 맥락에서입니다. 타협의 시대 대표적 사상가가 케인스였다면, 새로운 시대의 사상가는 하이에크(Friedrich August von Hayek, 1899~1992)였습니다. 1980년대 이후 역사의 반전은 케인스와 동시대에 살면서 그 그늘에 가려져 있던 하이에크의 승리이기도 했습니다.

1979년 최저임금 인상을 내건 총파업의 혼란 속에서 총리로 당선된 대처는 케인스주의 반격의 사상적 구심점이었던 하이에크의《자유헌정론(Constitution of Liberty)》을 핸드백에 넣고 다니면서 "이게 우리가 믿는 것이다"라고 말할 정도로 만천하에 자신의 소신을 분명히 합니다. 하이에크는 전후 수십 년간 통용되고 믿어져온 신념과 단절하는 상징이었습니다. 그는 대처의 핸드백에서 튀어나와 세계경제의 흐름을 바꿔놓았습니다.

　하이에크의 사상은 사회주의와 사회적 자유주의의 '계획'과 '개입'에 의해 부정되고 손상된 자유주의를 완벽하게 복원하는 것이었습니다. 고전적 자유주의가 주장했던 개인의 자유, 자유방임 시장경제, 사유재산 보호 등의 가치를 부활시키는 것이었습니다. 그래서 하이에크는 17~18세기 존 로크와 애덤 스미스의 사상을 옹호하고 현대화합니다. 이런 가치들이 왜 손상되면 안 되는지를 치밀한 논리로 전개합니다. 한마디로 시장근본주의, 시장제일주의입니다. 하이에크의 시장철학을 이해하는 것은 '죽음의 계곡'의 실체를 이해하는 열쇠이기도 합니다.

　하이에크는 복지국가가 사회를 더 나쁘게 만든다고 생각했습니다. "나는 생각한다. 고로 나는 존재한다"는, 근대철학의 아버지 데카르트(René Descartes, 1596~1650)의 테제를 아시지요. 그런데 하이에크의 머릿속에서는 이건 말도 안 되는 이야기였습니다. 데카르트는 이성의 타고난 능력은 완전한 것을 인식할 수 있기 때문에 우리는 진리에 도달할 수 있다고 했습니다. 그런데 시장주의자들에게 환영

받은 하이에크 사상체계의 출발점은 인간의 불완전한 인식능력입니다.

하이에크는 인간은 사물의 실체를 객관적으로 인식할 수 없는 존재라고 판단했습니다. 인간은 합리적이지도 총명하지도 않다는 것입니다. 인간들이 획득하는 지식, 즉 이론과 정보 역시 불완전하다고 주장합니다. 과학의 발전에도 불구하고 인간들이 알고 있는 이론은 여전히 불완전하며, 습득하는 정보 역시 제한적일 수밖에 없다는 것입니다. 구성원이 수없이 많은 현대사회에서는 정보가 구성원들 사이에 흩어져 있기 때문에 필요한 정보를 모두 갖춘다는 것은 불가능하다는 것입니다. 그래서 인간들의 무지는 결국 구조적 무지가 됩니다.

데카르트는 인식하는 주체와 인식되는 대상을 독립적으로 분리하지만, 하이에크는 주체가 대상으로부터 독립적으로 존재하는 것이 아니라 대상과의 끊임없는 접촉을 통해 적응한다고 보았습니다.

그래서 하이에크 주장의 요지는 사회주의도 복지국가도 안 된다는 것입니다. 그는 인간들이 의도적으로 만든 제도는 인간사회를 개선하기보다 개악한다고 비판합니다. 대상들과의 관계 속에서 끊임없이 자신을 적응시켜갈 뿐인 인간들이 대상 자체를 바꾸기 위해 만든 설계는 오류투성이일 수밖에 없다는 논리입니다. 계획을 통해서는 원천적으로 효율적인 자원배분이 불가능하다는 이야기입니다.

이는 지휘계통을 따라 상하로 오가는 지식이 명확한 의미를 가질 수 없기 때문입니다. 예를 들어 '젊은이들의 기호에 맞는 휴대전화를 만들라'는 식의 지시는 지시로서 성립 불가능합니다. 그래서 계획당국은 극히 표준화된 계획과 계산에 의한 명령을 내리게 되고, 이에 기계적으로 반응하게 되는 생산자들로부터는 어떤 창의성도 기대할 수 없다는 겁니다.

사실 우리가 접하는 많은 주의와 주장들을 보면, 상황에 따라 맞는 구석도 틀린 구석도 있습니다. 타협과 개입에 기초한 복지국가에 대한 하이에크의 비판 역시 정부만능주의에 대한 비판으로서는 타당한 측면이 있습니다. 물론 복지국가도 복지국가 나름이지만, 20세기 중반 많은 나라에서 정부가 비대해지면서 부패와 무능을 드러낸 것도 어느 정도는 사실이니까요.

어떤 개입도 없는 순수한 시장을 유지하라

케인스도 하이에크도 인간은 불완전하다는 전제에서 출발했지만 결론은 완전히 달랐습니다. 케인스는 인간의 제한적인 지식 때문에 미래를 정확히 예측할 수 없는 불확실성에 직면하고, 그래서 사람들은 기대에 의존해 행동하게 된다고 보았습니다. 기업가들이 자금조달 비용인 이자율뿐 아니라, 순전히 주관적 판단인 야성적 충동(animal spirit)에 따라 투자를 결정하는 것처럼 말입니다. 그런데 이런 기대는 비합리적인 것이어서, 한쪽으로 쏠리면 시장은 교란될 수밖에 없습니다. 가격이 진정한 수요와 공급을 반영할 수 없게 되는 것입니다. 스미스가 '보이지 않는 손'이라고 표현한 시장의 자동적인 메커니즘이 작동하지 않는 것입니다. 그래서 국가의 의도적인 개입과 설계는 불가피합니다.

똑같이 인간의 불완전함에서 출발했지만, 그것이 케인스에게는 개입의 논리로 귀결되고, 하이에크에게는 자유방임의 논리로 귀결됩니다. 케인스는 인간은 불완전하기 때문에 정부가 개입해야 한다고 보았고, 하이에크는 그렇기 때문에 정부가 개입하면 오류가 발생한다고 주장했습니다. 두 사람의 이 같은 차이는 바로 시장에 대한 철학의 차이에서 기인합니다.

시장경제의 작동원리에 대한 하이에크의 이론은 그의 사상에 반대하는 학자들조차 그 탁월함을 인정합니다. 스미스가 "보이지 않는 손에 의한 조율"이라며, 마치 신의 영역처럼 묘사한 시장경제의 효율성을 하이에크는 완벽한 논리체계로 설명했습니다.

한 사람이 한 가지 일을 전담하게 되면, 사람들은 다른 사람과의 교환을 위해 생산을 하게 되는데, 이 교환이 일어나는 곳이 바로 시장입니다. 스미스에게 시장은 이런 사회적 분업의 이익을 실현해주는 곳입니다. 시장에서는 가격이 각 상품의 수요와 공급을 조절하는 신호등 역할을 하기 때문에 합리적인 질서가 스스로 생겨납니다. 시장이 발달할수록 생산자들의 경쟁은 치열해지는데, 이런 경쟁은 생산의 증가로 이어지고, 상품이 가장 싼 값으로 공급되도록 유도합니다. 이렇게 해서 시장경쟁은 구성원 각자가 의도하지 않더라도, 개인들의 이기적 행동이 결국 사회 전체의 이익으로 돌아가게 합니다. 그래서 국부(國富)를 늘리기 위해서는 경제의 더 많은 부분이 시장 중심으로 운영되어야 합니다.

하이에크는 이 같은 스미스의 시장이론을 더 치밀하게 보완합니다. 바로 '발견과정으로서의 경쟁'과 '정보전달망으로서의 가격기구'라는 개념입니다. 하이에크에 따르면, 사람들은 필요한 정보를 사전에 알 수 없기 때문에 어떤 결정의 결과를 미리 예측할 수 없습니다. 시행착오를 통해 사후적으로만 결과를 알 수 있습니다. 경쟁 상황이 성립되는 것도 결과를 모르기 때문입니다. 결과를 안다면 굳이 경쟁할 필요가 없습니다.

그런데 이 경쟁이라는 것을 통해 무엇이 가장 우수하고 가장 저렴한가에 대한 사람들의 견해가 형성됩니다. 어떤 생산방법이 얼마나 효율적인지가 경쟁을 통해서 비로소 알려집니다. 현대경제학은 인간이 합리적으로 행동한다고 가정하고 분석하지만, 하이에크에 따르면 인간이 원래 합리적인 존재가 아니라 경쟁이 사람들을 합리적으로 행동하게끔 이끄는 것입니다.

경쟁을 통해 알려진 '발견'은 시장의 가격기구를 타고 전구성원에게 전파됩니다. 경제를 한층 풍요롭게 해주는 지식과 정보들이 경쟁을 통해 발굴되면, 가격은 이런 정보와 지식을 실어나릅니다. 그래서 가격은 지식과 정보의 전달망입니다.

경제주체들은 가격을 통해 경제상황의 변화를 포착하고, 그 변화에 대응해 스스로 자신의 행동을 조정합니다. 가격은 특정 개인에게 부분적으로만 제공되는 지식을 전체 구성원이 최선의 용도로 활용할 수 있도록 확산시켜줍니다. 불완전한 지식으로 인해 불확실한 상황에 놓인 각 개인에게 의사결정에 필요한 지식과 정보를 제공해줌으로써 개인들을 사회적으로 결합시킵니다. 제한된 지식 때문에 오류에 빠지기 쉬운 개인들이 사전계획 없이도 인간활동을 조직하며 안정적인 질서를 구축할 수 있게 되는 것입니다.

하이에크에 따르면, 그래서 시장은 오랜 세월 사적 소유를 기초로 한 개인들의 상호작용 결과 만들어진 자생적인 질서이자, 경제적 자유를 보장하는 유일한 제도이며, 인류가 도달할 수 있는 최선의 사회형태입니다. 이런 자생적인 질서를 계획이나 개입으로 바꾸려고 하는 것은 인간들의 치명적인 오만이므로, 시장을 가장 순수한 형태로 유지시키는 게 가장 바람직하다는 것입니다.

하지만 세상에는 보이지 않는 손과 함께 보이는 손도 작동하고, 보이는 손이 보이지 않는 손보다 더 효율적일 수도 있습니다. 시장은 불완전하기 때문에 거래비용이 발생하고, 이로 인해 시장을 내부화해버리는 시장 이외의 조직과 제도도 존재합니다. 자본주의는 하이에크가 말한 자생적 질서로서의 시장뿐 아니라, 명령과 협력으로 이루어진 제도와 조직의 혼합일 수밖에 없는 것입니다. 미국 자본주의와 개발도상국의 자본주의가 다르고, 서유럽 자본주의와 북유럽의 자본주의가 다른 것도 이런 시장과 명령, 협력 등이 구성되고 관리되는 방법이 다르기 때문입니다.

'지킬 박사와 하이드' 형 인간의 출현

  타협의 시대만 해도 암탉들은 '암탉으로서의 본질적 소망'과 '생존 자체에 대한 소망' 사이에서 적당히 타협하며 살았습니다. 비록 자신이 낳은 알을 품을 수는 없지만, 먹고사는 문제와 적으로부터의 위험은 해결되었기 때문입니다. 자본과 노동과 정치가 타협해서 사회의 울타리를 만들었듯, 암탉들 역시 각자 마음속에 울타리를 하나씩 만듭니다. 경계선 이상으로 고민과 열망을 밀어붙이지 않는, 그런 울타리 말입니다.

  마당을 나온 암탉에게 농장의 오리들이 끊임없이 한 이야기를 다시 한 번 떠올려보십시오. 청둥오리 새끼를 안전한 마당으로 데려오라고, 집오리로 길들이지 않으면 평생 족제비의 표적으로 불안하게 살다가 결국 잡아먹힐 거라고…… 양계장 속 암탉들과 농장의 오리들은 마치 칼라푸야 부족이 윌래밋밸리의 풍족한 토양과 적당히 타협하면서 산 것처럼, 양계장이 보장하는 안전 · 풍요와 타협하면서 살았습니다.

  그러나 양계장의 울타리가 허물어지면서 암탉들은 생존 자체를 일차적으로 고민해야 하는 야생의 허허벌판으로 내몰립니다. '암탉으로서의 본질적 소망'과 '생존 자체에 대한 소망' 사이에서 적당히 타협하고 살던 내 마음속 울타리도 여지없이 허물어집니다. 본질적 소망과 생존 자체에 대한 소망이 철저히 분리되고, 내가 하고 싶은 일과 내가 하고 있는 일이, 내 삶과 내 생계가, 내 영혼과 내

몸이 철저히 둘로 나뉩니다. 지킬 박사와 하이드처럼.

1980년대 이후 노동자들은 극심한 임금하락과 고용불안에 직면합니다. 사회의 복지프로그램은 해체되고, 노조가 보호해주던 평생직장은 이제 시대착오적인 것으로 돌변합니다. 시간관리는 목표관리로 대체되고, 하청 등 외부 조달이 늘어납니다. 그러면서 핵심노동자와 주변노동자, 대기업 노동자와 하청기업 노동자, 정규직과 비정규직 등으로 노동자간 분단화 현상도 심화됩니다.

관리직도 마친가지입니디. 기업은 위게를 축소하고 군살을 뺍니다. 구상과 실행의 분리는 점차 완화되고, 책임은 점점 아래로 위임됩니다. 이제는 계획과 실행과 책임까지 사업부와 팀의 몫이 됩니다. 그래서 조직의 두께는 더 얇아지고, 중간관리직은 다운사이징의 파도에 쓸려가 사라집니다. 이제 안정적인 삶은 오히려 예외적인 것이 되고, 불안이 일상이 됩니다. 이런 불안에 대처하기 위해 사람들은 더 열심히, 더 오랜 시간 일을 해야 합니다. 개인의 서사는 무너지고, 인생의 경로는 더 예측 불가능하고 통제할 수 없는 것으로 변합니다. 오로지 하나, '살아남아야 한다'는 명제만 마음속에 가득합니다.

사회학자이자 문화비평가인 미키 맥기(Micki McGee)는 경제사회 구조의 변화가 개인의 정체성을 어떻게 뒤바꿔놓는지에 대해 이렇게 설명합니다.

사회경제적 구조가 극적인 변화를 겪을 때, 개인의 변화와 대인관계의 변화 또한 불가피하다. 사회의 구조와 개인의 정체성은 상호구성적이기에 전자의 변화는 필연적으로 후자의 변화를 야기하며 그 역도 마찬가지다. 어떤 경제체제가 그에 걸맞은 문화적·사회적·인적 구성행태를 지닌다는 점은 사회학의 대전제다.

_ 미키 맥기, 《자기계발의 덫(Self Help, Inc.)》

이 장의 모두에서, 해체의 시대를 규명할 수 있는 인간형이 바로 '지킬과 하이드'라고 말씀드렸습니다. 인간으로서의 본질적 가치에 대한 소망은 그저 소망일 뿐입니다. 생존 자체를 위해 스스로 서서히 자기계발형 인간의 삶을 시작하게 됩니다. 무한경쟁의 상황에 놓이면서 인간 본연의 것들은 주머니 속에 접어둡니다. 경쟁상황에서 남을 무너뜨리고 더 높이 올라가는 것에 대해 양심의 가책을 느끼지 않도록 스스로 최면을 겁니다. 그렇게 사람들은 하나둘 하이드로 변해갑니다.

5장

은폐

악마의 맷돌

맷돌이 돌아가기 시작했다.

맷돌 속에는 악마가 있었다.

무지막지하게 모든 것을

삼켜서 갈아버린다.

자유도 낭만도 꿈도 인간성마저도

경쟁이라는 이름 아래

산산이 잘게 갈려서 부서진다.

울타리의 빗장이 열리고 양계장 밖으로 내몰린 암탉들은

어디로 가야 할지 정처가 없다.

모든 것은 내 탓이다. 내가 노력하지 않은 탓이다.

제도도 복지도 경쟁이라는 이름 아래

가루가 되어버린다.

기회와 보상의 새로운 분포가
만들어낸 자기계발형 인간

윌래밋밸리의 전설에서 출발한 저의 이야기는 야만의 시대를 넘고 타협의 시대를 건너, 그 타협의 해체에까지 도달했습니다. 이제 우리가 그 주민으로서 하루하루 살아가고 있는, 전설 그대로의 '죽음의 계곡'으로 들어갑니다.

야만의 시대, 그러니까 자본주의 초기의 낭만은 부정한 방법으로 성공한 일부의 이야기였을 뿐입니다. 대다수 주민들은 하루 24시간 생존하기 위해 노동하고, 노동하기 위해 먹고 자는 것이 생활의 전부였습니다.

타협의 시대, 주민들은 양계장의 배부른 암탉처럼 굳이 떠나고 싶은 생각도 떠날 이유도 없었습니다. 비록 평생의 시간을 팔아넘겨야 했지만, 또한 노동은 여전히 생존을 위한 지겨운 리듬의 연속이었지만, 야만의 시대를 산 부모 세대가 경험하지 못한 넉넉함을 누릴 수 있었습니다. 소박하지만 노후까지 자신의 인생스토리를 쓸 수 있었습니다. 노동조건은 서서히 개선되었고, 하루 24시간 가운데 자신을 위해 쓸 수 있는 시간도 조금씩 늘어갔습니다.

그런데, 어느 날, 모든 게 달라집니다. 대부분의 상황이 모순되게 돌아가기 시작합니다. 예측 가능하며 서사가 가능한 보금자리를 제공하던 제도는 산산조각납니다. 제도가 개인에게 보장하던 구조화된 시간도 사라집니다. 제도는 시장으로, 시간은 기회로 대체됩니다. 그래서 제도가 개인에게 시간을 보장하는 것이 아니라, 개인이 시장으로부터 기회를 획득해야 생존 가능한 시대가 된 것입니다. 책임소재도 분명해집니다. 불평등은 제도의 책임이 아니라, 무능한 개인의 탓입니다. 민주주의의 평등지향성은 사라지고, 그 자리를 끊임없이 격차를 재생산하는 시장경쟁이 대신합니다. 바로 야만의 부활입니다. '억울하면 돈벌어 출세하라'는 그 야만의 부활입니다.

물론 폴 크루그먼이 이야기했듯이, 자본주의의 낭만도 부활합니다. 차고나 식탁에서 아이디어를 발전시킨 영웅도 출현합니다. 관료주의의 쇠창살 안에서 억제됐던 개인의 창의성과 자율성, 독립성도 부활합니다. 시장에 흐르는 지식과 정보를 더 빨리 간파한 사람들에게는 엄청난 보상이 주어집니다. 그러나 여기서의 낭만은 그야말로 성공한 일부의 낭만, 그래서 야만을 은폐하는 낭만에 불과하다는 사실이 곧 드러납니다. 성공한 낭만가들이 더 큰 성공을 위해 주변의 모든 것을 초토화시키며 야만의 구조로 만들어버렸기 때문입니다.

이로써 야만과 낭만이 공존하는, 실상은 일부의 낭만이 다수의 야만을 은폐하는 '기회와 보상의 전혀 새로운 분포'가 나타납니다. 똑똑하다고 '시장이 판단'한 사람들이 폭력에 의하지 않고서도 상상을 초월하는 보수를 거머쥐는 역사상 최초의 경제체제입니다.

동시에 로버트 라이시가 '부유한 노예'라고 명명했듯이, 중층화되고 분열된 삶의 양태와 모순된 정체성이 전면에 떠오릅니다. 이제 양계장의 암탉들은 이 모든 상황을 자기화하고 내면화합니다. 죽음의 계곡에서 이렇게 살아갈 수밖에 없는 상황을 스스로 합리화하지 않으면 버틸 수 없기 때문입니다. 생존 자체에 대한 소망을 실현하기 위해서는 이런 상황을 뼛속 깊이 받아들이지 않으면 안 되기 때문입니다. 이렇게 해서 '자기계발 인간형'이 출현합니다. 지금 우리가 살고 있는 죽음의 계곡의 원주민들입니다.

처음 지킬로부터 분리된 하이드는 몸집도 작고 발육상태도 떨어졌습니다. 분리되기 전 지킬 내면의 타협상태에서는 쾌락을 추구하는 본성이 활동할 기회가 적었으니까요. 하지만 어느새 하이드의 몸집은 부쩍 커졌습니다. 지킬은 하이드가 저지르는 악행에 몸서리를 치지만, 양심의 가책은 점점 느슨해집니다. 어쨌든 죄를 지은 사람은 하이드이고, 지킬의 선량한 기질은 전혀 손상되지 않았기 때문입니다.

하이드의 몸집이 계속 커지는데도 지킬이 느끼는 양심의 가책은 더욱 느슨해지는 것, 이는 그 모든 악행이 지킬 입장에서는 합리화될 수 있었기 때문입니다. 내가 했지만 내가 저지르지 않은 범죄였기 때문입니다.

지킬이 하이드를 통해 스스로를 합리화하고 급기야 하이드에게 탐닉하듯, 죽음의 계곡의 원주민들은 '자기계발'이라는 논리로 스스로를 합리화하고 급기야 자기계발에 몰입하는 자신이 온전히 원래의 자신인 양 내면화해버립니다. 야만이 낭만에 은폐되듯, 사회의 모든 문제는 이렇게 자기화를 통해 은폐되고 맙니다.

죽음의 계곡은 모든 것이 죽어나가기 때문에 죽음의 계곡이 아닙니다. 모두가 죽었다면 그곳은 무덤일 뿐입니다. 살아 있는 것과 죽어가는 것이 공존하기 때문에 죽음의 계곡입니다. 살아 있는 것들은 죽음의 계곡에서 살아남아야 하는 이유를 끊임없이 합리화해야 합니다. 낭만을 만끽하는 자들은 야만에 내몰린 사람들의 저항을 강압해야 하고, 야만에 내몰린 사람들은 스스로의 합리화를 위해 그 강압을 내면화하게 됩니다. 둘 다 공범입니다. 한쪽은 은폐를 만들고, 다른 한쪽은 그 은폐에 스스로 동참하니까요.

바로 이것이 울타리가 해체된 후 출현한 은폐의 본질입니다. 이로써 생태계는 전복되고 맙니다. 삶과 죽음이 선순환하는 것이 생태계일진대, 살아 있는 것들은 죽음의 흔적을 지우기 위해 발버둥치고, 죽어가는 것들은 죽음 자체로 모든 게 끝나버립니다. 끊임없이 실력을 경쟁하고, 끊임없이 속도를 경쟁하며, 끊임없이 문제를 자기화하면서, 끊임없이 생존 자체만을 위해 달리는 지금 우리의 모습이기도 합니다. 이 모든 것은 타협이 깨지고 그 자리를 시장이 폭력적으로 대신하게 되었기 때문입니다.

정치가 울타리를 허물고 각자도생해야 하는 허허벌판의 '시장'이라는 제도를 역사에 전면화시킴으로써, 시장이라는 제도의 토대 위에서 세계화와 기술혁신과 금융혁신의 무기를 손에 쥔 일부 낭만가들이 그 시장을 평정함으로써, 세상에는 지금까지 보지 못한 '기회와 보상의 전혀 새로운 분포'가 출현했습니다. 이 새로운 분포의 핵심은 격차의 확대와 재생산입니다. 사람들은 이 격차의 희생양이 되지 않기 위해 새로운 질서를 철저히 내면화하고 스스로 적응을 강제하게 됩니다.

이 장에서는 무엇이 어떻게 기회와 보상의 새로운 분포를 만들었는지, 그래서 무엇이 어떻게 은폐되었고, 가려진 실체는 무엇인지 살펴보겠습니다.

악마의 맷돌이 돌아가기 시작하다

'악마의 맷돌(satanic mills)'이라는 말을 들어보셨는지요. 산업혁명의 기치 아래 근대화가 진행되던 영국에서 서민들은 하루하루 비참하고 빈곤한 삶을 살아갑니다. 이런 상황을 윌리엄 블레이크(William Blake)가 시로 읊었습니다.

아득한 옛날 저들의 발길은

잉글랜드의 푸른 산을 거닐고

신의 성스러운 양이 기쁨의 풀밭에서 보였네.

구름 낀 산에 성스러운 얼굴도 빛났을까?

여기 어두운 악마의 맷돌 사이에

예루살렘이 세워졌을까?

당시 증기기관을 개량한 제임스 와트(James Watt)가 한 공장주와 함께 세운 근대식 제분소가 놀라운 생산력으로 주변의 옛날식 방앗간들을 하루아침에 몰아냅니다. 이 제분소는 '악마의 방앗간'으로 불렸는데, 이곳을 그린 그림에는 실제로 지붕에 악마가 웅크리고 앉아 있습니다. 사람들의 원성을 한 몸에 받은 그 제분소는 어느 날 화재로 잿더미가 되어버렸습니다.

경제인류학자 칼 폴라니(Karl Polanyi, 1886~1964)가 이 시를 빌려, 시장경제를 '악마의 맷돌'이라고 지칭했습니다. 시장에 정치적·사회적 보호막이 없다면 인간의 노동과 자연과 돈을 모두 한순간에 황폐하게 만드는 것이 시장경제의 속성이라고 경고한 것입니다.

레이건 행정부는 울타리를 허물고 재개발을 합니다. 콘셉트는 바로 시장의 전면화. 전면화된 시장은 사람들에게 주어지는 기회와 보상의 분포를 이전과는 전혀 다른 방향으로 재구성합니다.

공항의 항공운항 시스템과 시내의 도로교통 시스템의 차이를 아십니까. 공항에서는 모든 항공기의 이착륙을 관제탑이 완벽하게 통제합니다. 관제탑은 날씨와 각 항공기의 움직임에 관련된 모든 정

근대식 제분소. 18세기 영국에 등장한 근대식 제분소를 당시에 그린 그림이다.
'악마의 방앗간'이라 불리는 이 제분소는 엄청난 생산력으로 옛날식 방앗간을 순식간에 몰아내버렸다.

보를 쥐고 비행사의 조종 하나하나에 명령을 내립니다. 비행사들은 관제탑의 명령을 한 치의 오차 없이 따릅니다. 하지만 도로교통 시스템에서는 운전자 개개인이 신호등만 보고 가면 됩니다. 교통법규만 지키면 어디를 어떻게 가든 상관없습니다. '노터치'이고 자유입니다. 항공운항 시스템이 완벽한 계획경제라면, 도로교통 시스템은 완벽한 시장경제입니다.

물건을 만들고 판매하고 그 결과를 나누는 방식, 즉 경제적 관계는 '시장'에 의해 조정되기도 하고, '계획과 명령'에 의해 통제되기도 합니다. 과거 소련의 계획경제가 아니라도, 기업에서 직원들이 지시에 따라 일을 하고, 정부가 가난한 사람들을 위해 복지시설을 건립하는 것은 시장이 아니라 명령과 계획에 따른 경제적 관계입니다. 또 많은 경우 시장과 명령이 없어도 사람들이 상호 '협력'에 의해 조화를 이루기도 합니다. 시장이 타협을 대체하게 되었다는 것은 계획과 명령, 협력을 통한 조정이 완전히 사라졌다는 이야기가 아닙니다. 경제적 관계에서 시장이 지배적인 위치를 점하게 되었다는 것입니다.

시장경제에서 변화와 발전을 추동하는 원동력은 경쟁입니다. 경쟁이라 함은 곧 승자와 패자를 나누는 과정입니다. 승패에 따라 얻게 되는 몫이 달라지기 때문에 경쟁은 본질적으로 불균등한 분배를 전제하고 있습니다. 경쟁이 시장 참여자로 하여금 '뒤처지면 안 된다'는 두려움을 갖게 만드는 것도 바로 불균등한 분배 때문입니다. 이런 두려움은 기업들을 한시도 쉬지 못하게 만듭니다. 피곤하다고 멈춰서는 안 됩니다. 아무리 달려도 제자리라고 해도 계속 달려야 합니다. 가격을 낮추고, 새로운 제품을 만들고, 새로운 시장을 개척하고, 새로운 경영방식을 개발해야 합니다.

경쟁에는 끝도 한계도 없습니다. 그래서 승자가 된 기업도 마찬가지로 두려움을 느낍니다. 그 승리는 일시적인 것에 불과할 뿐이기 때문입니다. 이윤이 생기면 재투자하고, 혁신을 통해 다음 경쟁의 유리한 고지를 확보해야 합니다. 경쟁은 이처럼 현재의 균형을 깨고 끊임없이 불균형과 변화를 양산하는 힘이기도 합니다. 그래서 시장은 본질적으로 역동적일 수밖에 없습니다. 끊임없이 균형을 깨기 위한 혁신과 시도가 이어지고, 잠시 균형이 이루어지는 듯하다가도 다시 금세 균형이 깨지는 과정의 연속입니다.

기술혁신과 그것의 상업적 적용 속도도 시장경제가 발달한 나라일수록 더 빠릅니다. 타협의 시대보다 타협이 해체된 후 기술혁신의 속도가 훨씬 드라마틱합니다. 시장의 이런 역동성은 개인들로 하여금 자율성을 발휘하도록 독려합니다. 관료주의의 감옥에서 평생의 시간을 팔아넘기며 살아온 개인들에게 '이제 네 실력대로 한번 해봐' 하는 식의 자유가 주어집니다. 관료주의에 억눌려 있던 개인의 자율성과 창의성이 드디어 빛을 발할 수 있는 기회가 제공된 것입니다. 자본주의 낭만의 부활입니다.

하지만 따지고 보면 이때의 자율성은 '자율성이 발휘되도록' 강제하는 의미입니다. 강제된 자율성이고, 눈에 보이지 않는 감옥에 갇힌 자율성입니다. 경제적인 관계에서 시장이 차지하는 비중이 커질수록 패배에 대한 두려움 역시 극적으로 심화됩니다. 우리 삶의 안정성은 떨어지고 불안과 불균형은 일상화됩니다. 그리고 이웃을 돌아보던 사회적인 정서는 극적으로 자취를 감춥니다. 바로 자본주의 야만의 부활입니다.

이처럼 인간과 사회를 파괴하는 시장을 칼 폴라니는 '악마의 맷돌'에 비유한 것입니다.

폴라니에 따르면, 시장은 자생적 진화를 통해 저절로 출현한 것이 아닙니다. 국가의 강력한 개입과 경제적 자유주의 이념의 강제를 통해 인위적으로 만들어진 것입니다. 구빈법(救貧法) 개혁, 곡물법 철폐, 금본위제 같은 국가제도의 변화가 노동과 토지와 화폐를 상품화했고, 이를 통해 자유시장이 만들어졌다는 이야기입니다. 노동자에게 직접적으로 금전을 지원하는 구빈법을 폐지하고 대신 사람이 도저히 살기 어려운 구빈소를 만듦으로써, 공장에서 잘리면 갈 곳이 없도록 만들었다는 것입니다. 그래서 공장에서 죽도록 자신의 노동을 팔지 않으면 안 되도록 했다는 것입니다. 또 수입농산물에 높은 관세를 물리는 곡물법을 폐지함으로써 식량가격을 낮추고, 그 결과 임금을 탄력적으로 책정할 수 있도록 하면서 시장을 만들었다는 이야기입니다.

그래서 폴라니는 "자유방임은 계획된 것이었다"고 주장합니다. 시장은 자생적 진화의 결과가 아니며, 시장의 자율성 이면에는 폭력적인 제도를 통한 강제성이 숨어 있다는 것입니다. 그리고 사회적인 통제를 거부하는 시장의 자기조절적 질주는 결국 사회 전체를 집어삼키는 '악마의 맷돌'이라고 경고합니다. 시장에 대한 믿음이 절대화되고 있는 오늘날 의미있는 경고임에 분명합니다.

그러나 윤평중 한신대 교수가 《급진자유주의 정치철학》에서 밝힌 대로, "시장이 악마의 맷돌이라 할지라도, 현대적 삶에 필수적인 맷돌임에는 틀림없다"는 지적 역시 사실이 아닐 수 없습니다. 끊임없는 혁신을 재촉하고, 비록 강제된 자율성이라 할지라도 그런 자유를 통해 오히려 그 강제성에 의문을 품고 새로운 질문을 던지며, 그래서 넘어설 수 있는 기회를 만들 수 있기 때문입니다.

이처럼 울타리를 허물고 들어선 시장의 전면화는 낭만의 부활인 동시에 야만의 부활이었습니다. 이런 시장의 양면성이 우리에게 던지는 숙제는 바로 '과하지 않게 사용되도록 통제하는 것'입니다. 낭만이 춤추도록 하되, 야만이 그 낭만을 지배하지 않도록 하는 것.

하지만 새롭게 등장한 정치권력은 시장을 통제할 수 있는 울타리를 모조리 허물고 폐허로 만들어버렸습니다. 그 폐허를 시장으로 전면 재개발했습니다. 이로써 울타리를 통해 통제를 받던 기회와 보상의 분포 역시 전면 재구성됩니다. 일부의 낭만을 위해 거의 전부가 야만을 겪어야 하는 새로운 분포입니다.

창조적 파괴를 통한 기업가들의 혁신

자본주의를 설명한 사상가들 가운데 자본주의를 '끊임없

이 '변화하는 과정'이라는 동태적 관점에서 분석한 사상가로 카를 마르크스(Karl Heinrich Marx, 1818~1883)와 조지프 슘페터(Joseph Alois Schumpeter, 1883~1950)를 꼽을 수 있습니다. 둘 다 자본주의는 발전과 변화의 동력을 가지고 있고, 그 발전의 끝은 자본주의의 종말이라고 예고했습니다. 그러나 두 사람이 생각한 발전의 동인과 종말의 이유는 전혀 달랐습니다. 마르크스에게 그 동인은 노동과 자본의 계급투쟁이었던 반면, 슘페터에게는 창조적 파괴 과정인 기업가들의 혁신이었습니다.

자본주의는 기업가들의 혁신을 통해 끊임없이 불균형을 생산하면서 발전하는데, 그 끝은 자본주의의 종말이라니? 모순처럼 들리는 슘페터의 주장을 한번 살펴보겠습니다.

슘페터는 경제의 순환적 흐름에 혁신이라는 개념을 도입합니다. 제품을 더 저렴하게 만들거나, 더 새롭게 만들거나, 아니면 전혀 새로운 제품을 만들어내는 기술적·조직적 혁신을 그 흐름에 추가한 것입니다. 혁신에 성공한 기업은 새로운 소득의 흐름을 만들어내게 되는데, 이것이 바로 이윤의 원천입니다. 이윤은 여러 생산요소를 새로운 방식으로 결합한 기업가들의 혁신활동에서 나오는 것입니다.

슘페터에 따르면, 이윤은 역동적으로 변화하는 경제에서만 나타나는 현상입니다. 기호의 변화 같은 여건 변화에 단순히 적응하는 것이 아니라, 여건을 의도적으로 변화시킴으로써 발전이 이루어지고, 이 발전이 이윤을 창출합니다. 발전 없이 이윤 없고, 이윤 없이 발전도 없는 셈입니다.

일단 혁신에 성공한 기업가는 많은 이윤을 획득하게 됩니다. 그러나 이 이윤은 다른 기업이 따라오기 전까지만 유효한 일시적인 것입니다. 혁신에 대한 모방이 이어지고, 이에 따라 혁신이 확산되면 새로운 상품의 가격은 떨어지고 이윤은 사라져버립니다. 그러다 또다른 혁신이 이 균형을 다시 파괴하면서 새로운 이윤을 발생시키게 됩니다.

그래서 이윤은 자본주의 불균형 발전의 원동력입니다. 이윤이 존재하는 불균형상태가 지속되지 않고는 자본주의 경제는 발전을 할수가 없기 때문입니다. 때문에 자본주의가 발전하기 위해서 기업은 불균형상태를 끊임없이 만들어가야 합니다. 넘어지지 않기 위해서는 계속 페달을 밟아야 하는 자전거처럼, 자본주의는 어떻게든 계속 움직여야 살아남을 수 있습니다. 혁신하고 실험하고 모험하고, 이 모든 몸부림을 직원들에게 강요하지 않는 기업은 이 바닥에서 생존할 수가 없습니다.

여기서 슘페터가 말하는 기업가는 단지 특정 계급을 지칭하는 게 아닙니다. 슘페터의 기업가는 뛰어난 혁신의 재능을 보유하고, 그 능력을 발휘함으로써 창조의 기쁨을 느끼면서 자신을 실현하는 사람들입니다. 하일브로너는 "슘페터는 역사에서 특별한 능력을 가진 소수의 개인인 엘리트의 중요성을 믿었던 것이 분명하다"고 분석합니다. 자본주의의 발전과 변화는 이들 엘리트에 의해 끊임없이 기존 질서가 파괴되고 변화하는 역동적인 과정이라고 본 것입니다.

슘페터에 따르면, 인구의 대략 4분의 1은 이런 혁신능력이 부족해서 사무직이나 기능직에 종사하게 되고, 절반은 보통의 혁신능력을 가지고 있어서 일반적 범위의 도전과 경험의 안락한 관계에 적응하게 됩니다. 그 나머지 4분의 1이 '평균 이상의 지식과 의지를 가진' 진정한 엘리트들입니다. 시대에 따라 엘리트에게 요구되는 능력의 질은 다르지만, 이들은 대개 정상의 자리를 차지하게 됩니다. "사회의 상층은 항상 사람들로 만원인 호텔과 같다. 그러나 그 사람들의 구성은 끊임없이 변한다."

하지만 슘페터는 "자본주의는 생존 가능한가?"라고 자문하고는 "나는 그것이 불가능하다고 생각한다. 자본주의는 사회주의로 나아갈 것"이라고 자답합니다. 그런데 이것은 슘페터가 사회주의를 옹호했기 때문이 아니라, 오히려 자본주의를 누구보다 더 옹호한 사상가였기 때문입니다.

슘페터는 1949년 미국경제학회 연설에서 '사회주의로의 행진'을 경고합니다. 기업과 정부의 대규모 조직이 비대한 관료주의의 특성을 띰으로써 혁신에 유리한 환경이 파괴될 것이라는 이유였습니다. 그는 "나는 사회주의를 옹호하는 것이 아니다"라고 전제한 뒤 이렇게 말합니다.

"자본주의는 단순히 가정주부가 완두콩과 강낭콩 가운데 하나를 선택함으로써 생산에 영향을 미칠 수 있다거나, 젊은이들이 공장과 농장 중 어느 곳에서 일할 것인가를 선택할 수 있음을 의미하지 않는다. 자본주의는 가치의 체계, 삶에 대한 태도, 불평등의 문명, 거대한 부를 이룩한 가족의 문명을 의미한다. 이 문명은 빠르게 사라지고 있다."

혁신은 관료주의와 합리주의라는 질병에 오염되고, 그래서 자본주의의 신념도 상실될 거라는 경고였습니다.

슘페터의 저작들이 주로 씌어진 것은 1930년대와 1940년대 초반입니다. 1970년대까지 타협의 시대를 기준으로 보면, 슘페터는 선견지명이 있었다고 할 수 있습니다. 사실 20세기 대부분을 지배한 경제는, 생산자든 판매자든 그렇게 힘든 상황을 요구하지 않았습니다. 혁신의 고통이라는 것은 거의 없었습니다. 생산을 늘릴수록 상품의 평균비용이 낮아지는 '규모의 경제'가 잘 작동했고 시장은 안정적이었습니다. 과점과 정부의 규제는 예측하지 못할 경쟁으로부터 사업체와 노동자들을 잘 보호해주었습니다. 당시 서구의 자본주의는 계획경제로 가는 것처럼 보였습니다.

하지만 1980년대 이후 지금까지를 기준으로 보면, 슘페터의 예측은 완전히 잘못된 것입니다. 오히려 소련이 붕괴되었고 자본주의는 유례없는 혁신의 역동성을 회복했으니 말입니다.

그러나 슘페터의 예측이 맞고 틀림은 중요한 문제가 아닙니다. 어차피 슘페터는 어느 정도의 기간일지 모르는 '장기'를 가정하고 예측했고, 지금 우리가 살고 있는 혁신의 질풍노도 같은 시기가 지나가면 또다시 계획이 주도하는 시대가 올지도 모르니까요.

여기서 슘페터의 사상을 소개하는 이유는, 계획의 시대가 끝나고 시장경쟁이 전면에 부상한 지금의 자본주의의 본질을 꿰뚫고 있기 때문입니다. 시장경쟁의 전면화는 창조적 파괴를 통해 본질적으로 역동적이고 불안정한 새로운 기회의 분포를 만들어내고 있습니다. 낡고 오래된 사업방식과 기술과 조직을 창조적인 형태로 파괴하면서 새로운 도약의 기회를 만들고 있습니다. 그러나 동시에 창조적 파괴는 우리를 혁신이 강제하는 새로운 기회와 보상의 분포에, 앞뒤 돌아볼 새도 없이 깊숙이 종속시키고 있습니다.

가격이나 품질보다 더 중요해진 희소성

울타리의 통제를 벗어나면서 '기회와 보상의 분포'가 어떻게 해체되고 재구성되었는지 살펴보겠습니다. 타협의 시대만 해도 '희소성'이나 '차이'는 그렇게 중요한 가치가 아니었습니다. 기업들은 정부의 경쟁제한과 보호정책에 따라 물건을 만들면 계획대로 다 팔았습니다. 컨베이어벨트 앞에 일렬로 늘어선 노동자들이 대량으로 찍어낸 제품은 규격화된 것이었고, 특별히 개인들의 창의성이 개입될 여지가 없었습니다. 사람들은 비슷한 공장에서 비슷한 시간 일하며, 비슷한 임금을 받고, 비슷한 집에 살며, 비슷한 차를 타고, 비슷한 TV프로그램을 보면서 비슷한 생각을 하고 살았습니다. 재능의 차이도, 제품의 차이도 별로 중요하지 않았습니다. 차이가 좀 있다 한들 결과가 크게 달라지지도 않았습니다.

하지만 시장경쟁이 울타리를 대체하면서 희소성의 가치가 전면으로 부상합니다. 웬만큼 갖출 건 다 갖춘 소비자들은 점점 뭔가 색다른 제품을 추구하기 시작합니다. 묵묵히 주어지는 대로 구매하던 소비자들이 이제 말도 많고 입김도 세졌습니다. 인터넷과 통신기술이 발전하면서 정보에 대한 접근이 쉬워졌기 때문입니다.

기업들 역시 정부의 울타리가 벗겨지면서 혁신의 압박에 내몰립니다. 컴퓨터를 도입하고 생산을 자동화하면서 다품종 소량생산으로 혁신 압력에 대응합니다. 살아남기 위해 경쟁사보다 더 빨리 더 새로운 제품을 만들고, 더 새로운 가치를 부여해야 합니다.

한마디로 기업과 소비자가 상호작용하는 방식이 급선회했습니다. 상품과 서비스의 절대적인 효용보다는 상대적 희소성이 더 중요해진 것입니다. 로버트 프랭크(Robert H. Frank) 코넬대 교수와 필립 쿡(Philip Cook) 듀크대 교수는 《승자독식사회(The Winner-Take-All Society)》에서, 희소성과 상대적 차이가 중요해진 시장의 특징을 프로테니스 선수의 예를 들어 설명합니다.

1992년 슈테피 그라프는 상금으로만 160만 달러가 넘는 돈을 받았다. 하지만 그녀의 수입은 당시 최고의 라이벌인 모니카 셀레스의 수입을 따라잡지 못했다. 그러다가 1993년 셀레스가 관중에게 칼로 찔려 활동을 중단하게 되었다. 그후 몇 달 동안 그라프는, 절대적인 수준에서 볼 때 경기력이 거의 변하지 않았음에도 불구하고, 1992년에 비해 거의 두 배나 많은 상금을 거머쥐었다.

절대적인 효용, 절대적인 노력, 절대적인 재능보다 상대적인 효용과 가치, 상대적인 재능이 더 중요해졌다는 이야기입니다. 기업들은 이제 똑같은 물건을 얼마나 더 저렴하게 생산하는가가 아니라, 얼마나 독창적인 물건을 다른 기업보다 먼저 만들어내느냐가 중요해졌습니다. 옛날처럼 비슷한 제품만 만들다가는 외면받기 십상입니다.

희소성을 향한 기업들의 경쟁은 급기야 측정 가능한 것에서 측정 불가능한 것으로, 물질적인 차이에서 비물질적인 차이로까지 확대되었습니다. 할리데이비슨이 1980년대 이후 일본 모토사이클의 저가공세에 맞서 히피문화와 독특한 굉음을 앞세워 시장을 되찾은 것처럼 말입니다.

앙드레 고르에 따르면, 자본주의에서 혁신의 목적은 원래 물건을 더 싼 가격에 만드는 것이었습니다. 그러나 기술혁신으로 상품의 가격이 낮아지는 것을 피하기 위해 기업은 상품이 시장의 법칙에서 벗어나도록 만들어야 합니다. 공급이 늘어 가격이 하락하는 상황을 피하자는 것입니다. 그래서 기업은 상품에 예술성 같은 비교 불가능한 품질을 부여하게 됩니다. 자신들의 상품이 '다른 것과 견줄 수 없는 물건'으로 보이도록 말입니다. 상징적·정서적·미적 내용물이 담긴 매체로 변모시키는 것입니다.

이에 따라 상품의 가격은 손에 잡히는 효용보다 비물질적인 품질에 좌우되고, 마케팅산업과 광고산업은 상징과 이미지, 메시지, 스타일, 유행을 계속해서 재생산합니다. 기업이 스스로 끊임없이 소비자들의 욕망을 만들어내야만 살아남을 수 있게 된 것입니다.

어떤 인재가 어떤 차이를 만들어내느냐에 따라 성패가 갈리게 되면서, 기업들은 유능한 인재를 붙잡기 위해 또 치열하게 경쟁합니다. 개인들에 대한 기회와 보상의 분포 역시 희소성을 기준으로, 얼마나 상대적으로 앞서느냐를 기준으로 바뀌었다는 이야기입니다. 울타리가 해체된 후 사람들은 남들이 가지고 있지 못한 희소성을 확보하기 위한 경쟁에 내몰렸습니다.

이제껏 사람들이 경험했던 소득과 삶의 흐름은 시간에 따라, 노력을 기울인 정도에 따라 꾸준히 우상향하는 그래프였습니다. 하지만 이제 뱀주사위놀이와 같은 모양으로 바뀝니다. 한 칸 한 칸 올라가는 게 아니라 순식간에 몇 계단을 점프할 수 있고, 여차하다가는 나락으로 쭉 미끄러져 내려올 수도 있습니다.

이는 거대조직에서 일정 시간 노동을 한 대가로 봉급을 받던 기존 질서와는 다릅니다. 대량생산 체제에서 정해진 시간 동안 정해진 작업을 수행하면 정해진 보상이 주어지던 것과는 다릅니다. 타협의 시대에는 그게 긍정적이든 부정적이든, 사람들의 삶에 드라마틱한 요소가 별로 없었습니다. 묵묵히 일하면 보상도 커진다는 '시간에 따른 보상' 개념이 견고하게 자리를 잡고 있었습니다. 사람들의 삶은 시간의 함수였습니다. 개별 혁신자가 나타나 주어진 조건을 창조적으로 파괴할 수 있는 시장경쟁은 제한적이었고, 기술혁신은 관료주의에 갇혀 제약을 받고 있었습니다.

그러나 시장경쟁이 전면화되면서 '시간의 함수'는 '기회의 함수'

로 바뀝니다. 시장에 흐르는 기회를 포착해 활용하고, 남들보다 조금이라도 앞서 혁신하는 정도에 따라 보상이 달라집니다. 그런데 기회는 사실 그 속성상 불연속적이기 때문에, 보상과 그에 따른 우리의 삶 역시 불안정할 수밖에 없습니다.

개개인의 소득은 입사연도나 지위와 상관없이 결정되고, 지위 역시 나이와 상관없이 결정됩니다. 시간은 사라지고 오로지 희소성에 따라 보상이 주어지는 새로운 기회와 보상의 분포, 이는 본질적으로 역동적이고, 불안정하며, 차별적인 것이었습니다. 낭만과 야만으로 나뉘기 시작한 것도 바로 이 희소성을 기준으로 보상의 기회가 재편되었기 때문입니다.

통찰력과 직관이 결합된 창조력의 승리

로버트 라이시는 그 사람이 가지고 있는 희소성 때문에 그에 대한 수요가 공급을 초과하고, 그래서 계속적으로 더 큰 보상을 받게 되는 혁신가의 모습을 '기크(geeks)'와 '슈링크(shrinks)'라는 개념으로 설명합니다.

그는 일단 "많은 사람이 혁신가들은 새로운 정보기술, 특히 컴퓨터 사용에 능숙한 사람들이라고 잘못 생각하는 경향이 있다. 신경제에서 최대의 가치를 얻어내고 있는 사람들 중 많은 이는 컴퓨터나 다른 정보 관련 기술에 특히 능숙한 사람들이 아니다"라고 전제하면서, "혁신가들을 지식노동자라고 부르는 것도 이제 정확하지 않다"고 지적합니다. 어느 분야의 지식도 이제는 컴퓨터 프로그램화하기가 그다지 어렵지 않기 때문입니다. 혁신가들의 진정한 가치는 그들의 창조력에서 나오며, 그래서 '창조적 노동자'라는 말이 더 정확하다는 이야기입니다. 라이시가 제시하는 두 가지 혁신가의 모습은 이렇습니다.

우선 예술가, 발명가, 디자이너, 엔지니어, 과학자, 작가 등과 유사한 특징을 보이는 기크(한 가지 일에 몰두한다는 의미) 유형입니다. 기크는 특정 분야에서 새로운 가능성을 볼 수 있는 능력이 있고, 그런 가능성을 찾고 개발하는 데서 기쁨을 느끼는 사람들입니다. 단순히 분석적인 사람은 현재 선택할 수 있는 조건을 적절하게 배치해 결과를 극대화하지만, 기크는 '자신의 마음을 쏟아' 새로운 가능성을 찾아나섭니다. 자신의 발견과 고안이 시장에서 어떤 평가를 받을지 연연하지 않으며, 대신 한 분야에서 기존의 경계를 뛰어넘는 새로운 방식을 도입했다는 사실 자체에서 희열을 느낍니다.

두 번째는 컨설턴트, 마케팅 전문가, 제작자 등의 특징을 가진 슈링크(정신과 의사를 의미)입니다. 이런 유형은 한 분야에서 무언가를 찾아내고 기존의 경계선을 뛰어넘기보다는 사람들이 무엇을 원하는지, 잠재의식 속에 어떤 욕망을 가지고 있는지 알아내는 데서 자신의 독창성을 발휘합니다.

기크가 기술·과학·예술·문학·기호체계 같은 분야 나름의 규칙과 상황에 끊임없이 매력을 느끼는 반면, 슈링크는 사람들이 원하고 두려워하는 것, 갈망하고 필요로 하는 것 등에 매력을 느낍니다. 기크가 특정한 한 분야에서 새로운 가능성을 발견한다면, 슈링크는 사람들의 욕구와 필요를 발견합니다.

라이시는 위대한 기업가는 기크이면서 동시에 슈링크라고 말합니다. 기업가적 비전은 가능한 것을 꿰뚫어보는 기크의 통찰력과 사람들이 원하는 것을 알아내는 슈링크의 직관이 결합된 것이라는 이야기입니다. 기술적인 통찰력을 마케팅적인 상상력과 결합시킨 토머스 에디슨(Thomas Alva Edison, 1847~1931)처럼 말입니다. 라이시는 기크와 슈링크가 서로에 대해 잘 알고 배울 경우 더 많은 혁신이 이루어질 것이라고 전망합니다. 그래서 신경제의 혜택은 거대한 관료 조직이 되어버린 대기업보다 기크와 슈링크로 구성된 소규모 기업에 더 많이 돌아간다는 것입니다.

일등이 모든 것을 얻는 승자독식 시대

희소성의 가치를 전면화시킨 것은 사실 시장경쟁의 장점입니다. 획일화된 제품을 넘어 새로운 가치가 부가된 제품이 삶을 윤택하게 하고, 개인이 획일화된 재능을 넘어 자율성과 창의성을 발휘할 수 있도록 독려하기 때문입니다. 제품과 재능의 희소성에 따라 보상이 주어진다 해도, 그것이 극단적으로 집중되지 않고 합리적인 수준에서 분배된다면 문제가 되지 않습니다. 사회적으로 수

궁할 수 있는 불균등 분배라면, 또 세금 등을 통해 재분배가 이루어 진다면, 희소성의 전면화는 개인들에게 창의력을 개발하고 발휘할 수 있는 동기부여가 됩니다.

그런데 이를 위해서는 그 사회의 제도와 관습, 그리고 사회적 합의가 시장경쟁에 따른 불균등 분배를 적절히 통제해서, 승자가 분에 넘치는 몫을 가져가지 않도록 제어해야 합니다. 본질적으로 불균등 발전을 내포하고 있는 시장을, 명령과 합의를 통해 적절히 통제할 수 있어야 한다는 이야기입니다. 그러지 못하면 시장의 전면화에 따른 불균등 분배가 기회에 대한 접근조차 차단시켜버릴 수 있습니다. 이 경우 불균등한 분배라는 야만이 자율성의 발휘나 도전정신과 같은 낭만을 집어삼키게 됩니다.

하지만 1980년대 이후 정치권력은 야만을 통제할 수 있는 최소한의 울타리조차 다 허물어버렸습니다. 희소성의 작은 차이가 분에 넘치는 보상을 거머쥐는 상황을 통제하지 못하게 된 것입니다. 시장경쟁에서 승자가 되기 위해 질주하는 기술혁신의 부정적인 결과에 대해 정치는 아예 손을 놓아버렸습니다. 결국 모든 보상이 승자에게 집중됩니다. 작은 차이가 엄청난 격차를 만들어버린 것이죠. 로버트 프랭크와 필립 쿡은 《승자독식사회》에서 '1초 차이로 엇갈리는 운명'이라는 스포츠의 특성에 비유해 이런 상황을 상징적으로 설명합니다.

승자독식 시장의 임금 차이는 노력과 능력의 차이보다 크게 나타난다. 때로는 극적일 정도로. 10퍼센트 더 열심히 일하거나 10퍼센트 더 재능있는 사람이 보수를 10퍼센트 더 받아야 한다고 말하는 것은 일리가 있다. 그러나 그런 근소한 차이 때문에 보수가 1만 퍼센트 이상 차이가 나야 한다고 주장하는 것은 공평하지 못하다. 올림픽에서 우승한 육상선수는 한순간만 모든 육상선수의 선두에서 달린다. 그는 단지 몇 초 차이로 1,000명이나 되는 2위 이하의 경쟁자들을 앞서나가는 것이다. 1위와 2위의 차이, 심지어 1위와 10위의 차이는 너무나도 미미하기 때문에, 만일 바람이 불거나 운동화를 다른 것으로 신었더라면 우승자가 바뀔 수도 있다. 하지만 올림픽 은메달리스트는 순식간에 잊혀지는 반면, 금메달리스트는 광고를 통해 수백만 달러의 돈을 번다. 실력 차이가 너무나 작아서 측정하기 어려울 때조차.

이처럼 작은 차이가 엄청난 보상의 격차를 초래한 이유는, 시장이라는 것 자체가 원래 승자와 패자를 나누어 불균등하게 분배하는데다, 그런 불균등 분배를 기술혁신이 기하급수적으로 부추겼기 때문입니다. 기술혁신은 원거리통신과 정보기술의 발전을 촉진하면서 전세계를 기업가의 손안에 쥐어주었습니다.

1950~1960년대만 해도 기업들이 대서양 건너 해외지사와 한번 통화하려면 하루종일 다이얼을 돌려야 했습니다. 일단 전화가 연결되면 언제든 다시 이야기를 나눌 수 있도록 종일 수화기를 들고 있기도 했다고 합니다. 아예 다이얼 돌리는 사람을 따로 고용하기도 했습니다. 그러던 것이 1990년대 초반에는 위성을 통해 동시에 150

만 회선이 통화할 수 있게 됩니다. 이런 기술혁신을 활용해 기업은 제품구매자를 전세계로 확대시키면서 시장을 광역화합니다. 한번 인기를 얻으면 순식간에 전세계로 팔려나갑니다. 여기에는 물론 앞에서 본 컨테이너의 도입 등 운송혁명도 큰 역할을 했습니다.

로버트 프랭크와 필립 쿡은 이런 시장의 광역화를 헨리 포드의 대량생산 방식과 비교한 조지프 파인(B. Joseph Pine)의 말을 인용하며, 이렇게 분석합니다.

대량생산 방식을 따르는 기업가들은 재화와 용역을 모두가 소비할 수 있도록 낮은 가격에 공급한다는 목표를 가지고 있었다. 반면 대량고객화 방식을 따르는 기업가들은 모든 사람이 정확히 자신이 원하는 것을 소비할 수 있도록 다양한 재화와 용역을 개발하고 생산하고 유통시켰다. (……) 이런 대량고객화는 국내시장과 국제시장을 더욱 확장해줄 뿐만 아니라 가장 우수한 생산자의 제품에 수요가 집중되도록 했다.
_ 로버트 프랭크·필립 쿡,《승자독식사회(The Winner-Take-All Society)》

구매자가 전세계로 확대되면서, 한번 성공하면 시장에 쫙 퍼져 순식간에 승자로 결정되고, 그에 따라 엄청난 보상을 움켜쥐게 됩니다. 미세한 차이조차 전세계 시장에서 등수로 바로 반영되기 때문에 1위와 2위의 보상격차가 커질 수밖에 없습니다. 승자의 지위를 굳힌 기업은 비슷한 기업들을 죽여가면서 독점시장을 구축해 2위와의 격차를 더 벌립니다. 1990년대 이후 마이크로소프트(MS)가 그랬던 것처럼 말입니다.

그러니 차선에 만족하고 안주한다는 것 자체가 용납이 되지 않습니다. 차선은 곧 도태를 의미하니까요. 조금 앞서는 것으로도 안심이 되지 않습니다. 얼마 못 가 남들에게 따라잡힐지 모른다는 불안감 때문에 계속 달려야 합니다. 그렇게 해서 남들이 도저히 따라올수 없을 만큼 엄청나게 앞서버리게 되는 것입니다. 이렇게 '승자와 패자를 나누어 불균등하게 분배하는' 시장경쟁이 그 어떤 통제도받지 않고 유감없이 본질을 발휘하게 됩니다.

미국이 '두 개의 미국(the Two Americas)'이라 불릴 만큼 소득격차와양극화가 심해진 것도 바로 1980년대 이후부터입니다. 이때부터사람들은 '내 생활에 필요한 돈을 벌려면 얼마나 일해야 할까'가 아니라 '내가 최대한 일하면 얼마를 벌 수 있을까'를 본격적으로 고민하기 시작했습니다. 내 삶을 고민하기보다 내가 벌 수 있는 돈을 먼저 고민해야 하는 상황이 본격화된 것입니다.

다음 페이지의 표를 보십시오. 세전소득을 기준으로 1949~1979년, 즉 타협의 시대 30년 동안 미국의 가계는 빈부에 관계없이 거의비슷한 속도로 소득이 증가했습니다. 모두 두 배씩 증가한 셈입니다. 그래서 소득분배도 변동이 없었습니다. 그런데 1980년대 이후상황이 완전히 달라집니다. 소득성장이 저조할 뿐 아니라 소득분배도 크게 악화되었습니다. 1979~2003년 가장 못사는 20퍼센트(최하 5분위)는 24년 동안 세전소득이 겨우 3.5퍼센트 증가한 데 비해,상위로 갈수록 증가속도가 빨라집니다. 프랭크 레비(Frank Levy)

미국 가계소득 분배의 변화

가계소득	최하 5분위	둘째 5분위	셋째 5분위	넷째 5분위	최고 5분위	최고 5퍼센트
세전소득 변화 (1949~1979)	+116%	+100%	+111%	+114%	+99%	+86%
세전소득 변화 (1979~2003)	+3.5%	+9.1%	+12.6%	+21.5%	+45.7%	+68%
세후소득 변화	+9%	+13%	+15%	+24%	+68%	+201%*

자료 : Frank Levy(MIT), 2007 / 〈미국 자본주의와 금융위기〉, 이정우(경북대)에서 재인용.
주 : *표가 있는 세후소득 최고집단은 최고 5%가 아니고 최고 1%임.

MIT 교수에 따르면, 1980~2005년 미국의 세전 실질소득 증가분의 5분의 4는 최고 1퍼센트에게 귀속되었습니다.

특히 세후소득을 기준으로 보면, 최고 1퍼센트의 증가속도(201%)가 바로 위 칸 최고 5퍼센트의 세전소득 증가속도(68%)의 세 배에 달합니다. 레이건과 부시 행정부가 펼친 감세정책의 혜택이 최고 부자들에게 집중된 것입니다.

정치권력이 '승자와 패자를 나누어 불균등하게 분배하는' 시장을 전면화시키고, 기술혁신이 그 불균등 분배를 증폭시켰으며, 정치권력이 그 증폭을 줄일 수 있는 울타리조차 모조리 해체했기 때문입니다. 그래서 로버트 라이시는 "시계추는 왜 방향을 바꾸었을까?

미국은 왜 경제성장의 결과물에서 중산층의 몫을 빼앗는 시장권력에 제대로 대응하지 못한 걸까?"라고 묻고는 이렇게 대답합니다.

시계추의 방향이 바뀐 진짜 이유는 힘, 즉 권력과 관련이 있다. (……) 부유층과 경제세력가들은 정치인들에게 두둑한 선거자금을 제공하고 수많은 로비스트와 홍보전문가를 동원해 자신들이 더 많은 소득과 부를 쌓을 수 있도록 해주는 법안을 통과시키기 위해 백방으로 노력했다. 노조를 해산할 수 있는 암묵적 허가를 얻어내고, 직원 수를 줄이고, 직원 복지를 축소하면서 자신들은 세금을 훨씬 적게 납부하고, 월스트리트 규제도 완화되도록 말이다. (……) 이들은 자유시장이 모든 걸 해결해준다는 사실을 국민들에게 납득시키기 위해 고안된 싱크탱크, 서적, 미디어, 광고를 아낌없이 지원했다. (……)

그런데 미국인들은 왜 그런 논리를 받아들일 만큼 어리석었을까? (……) 1930년대에 성인이 된 사람들의 머릿속에는 대공황의 끔찍한 기억이 남아 있었지만, 그 자녀들이 성인이 될 무렵 미국에서는 대번영의 시기가 진행되고 있었고, 그들은 그런 번영과 풍요를 당연한 것으로 받아들였다. 그리고 그들의 자녀들(즉 대공황을 겪은 사람들의 손자들)은 대번영의 시기에 출생했고, 이들은 오류투성이의 불안한 시장이 강력한 정부에 의해 보완될 수 있다는 사실을 체험한 할아버지 세대의 경험을 피부에 와닿는 실제적인 기억으로 갖고 있지 않았다. 이 마지막 세대가 성인이 되었을 때(1970년대 말부터) 그들이 기억하는 것이라곤 정부의 실패와 시장의 성공뿐이었다. 그런 그들은 경제실패의 원인을 정부에게 돌리고 싶어 하는 자유시장경제 옹호자들의 매혹적인 논리를 쉽게 수용할 수밖에 없었다. 게다가 이들 마지막 세대는 사회구성원들 모두가 한 배를 탔다는 공동체적 의식을 지닌 시대에 대한 기억도 전혀 갖고 있지 않았다. 대신 그들은 각자가 스스로 살아나갈 길을 모색할 수밖에 없는 경제사회를 목격했다.

_ 로버트 라이시, 《위기는 왜 반복되는가(Aftershock)》

죽음의 계곡 속 진실을 은폐한 금융

로버트 라이시가 언급한 바로 그 마지막 세대, 즉 오류투성이 시장이 정부에 의해 보완될 수 있다는 경험도 없고, 모두가 한 배에 탔다는 공동체의식을 지닌 시대에 대한 기억도 없으며, 대신 각자가 스스로 살아갈 길을 모색할 수밖에 없는 경제사회만 목격한 세대가 바로 지금의 20~30대입니다. 타협의 시대에 대한 그 어떤 긍정적인 기억도 없이 처음부터 각자도생해야 하는 격차의 시대를 직면한 세대입니다. 이들은 죽음의 계곡에서 태어났고, 그래서 죽음의 계곡으로 들어오기 전, 즉 계곡 너머에 대한 기억이 전혀 없습니다. 그래서 죽음의 계곡이 세상의 전부인 양 내면화한 채 살아가고 있습니다.

그리고 이들에게 계곡의 진실은 날렵한 이데올로기로 교묘히 은폐되었습니다. 마치 칼라푸야 부족의 원로들이 죽어나가는 실체를 목도하는 주민들에게 풍요를 누리기 위한 대가니 어쩔 수 없다고, 부족의 원죄 때문이라고 은폐했듯이 말입니다. 지금 우리가 갇혀 있는 계곡의 진실, 즉 야만이 낭만을 압도해버렸다는 그 사실이 어떻게 은폐되고 있는지 한번 살펴보겠습니다. 무엇이 우리로 하여금 낭만이라는 것이 대체 어디 붙어 있던 것인지, 지금은 또 어디에 붙어 있는지 한번 찾아볼 생각조차 못하도록 만드는지 말입니다.

우선 금융입니다. 1980년대 중반 미국 연방준비제도이사회 의장 폴 볼커(Paul Volcker)는 강력한 고금리 정책으로 인플레이션을 잠재웁니다. 이후 1990년대 미국에는 이른바 저인플레이션, 저불황의 시대가 도래합니다. 이는 중국 등 신흥국가들이 값싼 제품을 찍어내면서 인플레이션을 막아주고, 덕분에 저금리 기조가 유지되었으며, 다시 그 덕분에 인터넷이 만들어낼 미래가치에 대한 기대가 주식시장의 가치를 끌어올렸기 때문에 가능했습니다. 하지만 당시 미국 경제를 지배했던 인터넷과 신기술에 대한 광신이 만들어낸 거품은 1990년대 후반 정점을 찍고 2000년대 초 무너지기 시작합니다.

연방준비제도이사회는 기술주의 붕괴를 막기 위해 추가적인 저금리 드라이브를 걸기 시작합니다. 2001년 6.5퍼센트였던 기준금리는 2006년 마침내 1퍼센트대로 하락합니다.

그러자 이번에는 부동산거품이 찾아왔습니다. 주택가격이 상승하는데 소득은 늘지 않자, 주택보유자들은 자신의 집을 담보로 대출을 받아 소비를 하고, 또는 다른 집을 사서 새로운 담보물로 이용했습니다. 중산층은 물론 서민들까지 대출을 받아 내 집 마련에 나서면서, 미국의 자가소유비율은 2005년 69퍼센트로 급상승합니다. 누리엘 루비니(Nouriel Roubini) 뉴욕대 교수는 이 부동산거품 시기를 이렇게 요약합니다.

> 사람들은 자신의 집을 마치 은행의 현금인출기처럼 사용했다. (……) 이런 채무를 기반으로 한 소비형태는 실제적인 효과를 발휘해서, 소비는 계속 늘어났고 경제는 성장했다. 경제가 성장하면서 수입이 늘어나고 기업은 이익을 냈다. 위험에 대한 걱정은 어디론가 사라져버리고 돈 빌리기는 더 쉬워졌다. 개인과 기업은 더 쉽게 돈을 빌려서 쉽게 써버렸다. 바로 이 시점에서 거품은 경제를 바꾸는 힘이 되어, 새로운 성장을 이끌고 사막에 집을 짓는 것과 같은 위험천만한 새로운 사업을 계속 탄생시켰다.
>
> _ 누리엘 루비니, 《위기경제학(Crisis Economics)》

루비니의 말처럼, 부동산거품이 시작되자 금융기관의 위험천만한 새로운 사업이 끝도 없이 이어졌습니다. 부동산을 담보로 한 대출이 큰 이윤을 남기면서, 더 많은 대출을 위해 위험을 분산하는 온갖 기법이 금융혁신이라는 이름으로 발명됩니다. 집을 산 사람들의 모기지대출을 아예 시장에서 교환 가능한 증권으로 만들어 판매하는 파생상품이 우후죽순으로 확산되었습니다.

예를 들어, MBS(Mortgage Backed Securities, 주택저당증권)는 모기지대

출을 한데 모아 채권으로 발행한 것입니다. 대출기관이 모기지대출을 모두 상환받으려면 30년씩 기다려야 하지만, 대출을 담보로 채권을 발행하면 채권구매자들로부터 한 번에 회수할 수 있습니다. 채권투자자들은 수많은 집주인으로부터 정기적으로 이자수익을 거둬들이게 되고요.

여기서 한 발 더 나아가 CDO(Collateralized Debt Obligation, 부채담보부증권)라는 것도 나옵니다. MBS의 단점은 집주인이 파산하거나 돈을 빨리 갚아버리면 원래 계획되었던 수익보다 실제 수익이 적어질 수 있다는 것입니다. 그래서 CDO는 아예 모기지대출을 기초자산으로 채권을 투자자 입맛에 맞게 나누고 썰고 묶어서 판매합니다. 집주인이 파산하면 제일 먼저 손해를 입게 되지만 수익이 높아서 좋다는 사람용, 수익은 낮지만 위험이 적어서 좋다는 사람용 등으로 나눠서 판매하는 것입니다.

또한 은행들이 보험사에 보험료를 내고 대출에 따른 위험을 피하는 방법도 발전합니다. 예를 들어, 2008년 미국 정부가 세계 최대 보험사인 AIG에 긴급구제금융을 지원하는 계기가 됐던 CDS(Credit Default Swap)는 1994년 JP모건의 발명품입니다.

원래 은행은 대출금을 못 받을 경우에 대비해 준비금을 비축해야 하는데, 이런 대출 부실화의 위험을 제3자에게 떠넘길 수 있다면 준비금을 쌓아둘 필요가 없습니다. 그래서 JP모건은 보험료처럼 일정의 수수료를 지급하고 대출위험을 보험사로 넘기는 대신, 그 준비금을 다른 곳에 투자한 것입니다. 2008년 AIG와 CDS계약을 체

월스트리트의 위기를 상징적으로 보여주는 합성사진.
월스트리트로 대변되는 미국 금융기관들의 위험천만한 금융기법은 전세계적인 재앙이 되었다.

결하고 있던 리먼브라더스가 파산에 직면하자, AIG도 지급불능 사태에 처합니다. 이런 CDS의 규모는 금융위기 직전인 2007년 62조 달러에 달했습니다.

이 같은 금융의 증권화는 금융혁신이라는 이름을 달고 계속되었지만, 실상은 은행이 돈을 빌려주고 장부에 기록하는 대신, 신용에 상관없이 남발한 대출을 증권이라는 형태로 월스트리트에 집중한 것이었습니다. 월스트리트는 다시 아무것도 모르는 투자자들과 일반인들에게 신용위험을 뿌린 것이고요. 이런 증권화의 먹이사슬에서 항상 이득을 본 쪽은 금융혁신을 주창하며 새로운 발명품을 만든 금융기관과 그 직원들이었습니다. 월스트리트의 인센티브 시스템은 이들이 더 새로운 발명품을 만들어내도록 끊임없이 압박했습니다.

하지만 무리수는 언제나 뒤끝이 안 좋은 법. 자전거도 달리기를 멈추면 넘어질 수밖에 없듯이, 거품도 수요가 더 이상 공급을 따라가지 못하면 터지고 맙니다. 미국의 주택 공급이 수요를 앞지르기 시작하면서, 부동산거품을 받치고 있던 주택가격이 하락합니다. 거품은 이제 재앙으로 돌변합니다.

채권자들의 디레버리지(deleverage), 즉 부채 축소가 시작됩니다. 은행들은 신규 대출을 축소하고 기존 대출을 회수합니다. 모기지대출로 집을 산 사람들은 당장 돈 갚을 길이 막막해졌고, 이로 인해 모기지대출을 담보로 한 증권투자자들은 손실을 보기 시작합니다. 그러자 경제 전반에 신용대란이 촉발됩니다. 바로 비우량 주택담보

대출, 즉 서브프라임 모기지에서 시작된 2008년 글로벌 금융위기입니다. 당시 느슨한 대출조건으로 소득의 뒷받침 없이 집을 샀던 200만 이상의 미국 중산서민 가구가 집을 압류당했고, 더 많은 가구가 원리금 상환 압력에 시달렸으며, 수많은 금융기관이 파산했습니다. 루비니의 말을 다시 들어보시죠.

마침내 재앙이 닥쳤다. 주식시장이 붕괴되자 부동산 압류가 속출하고 회사가 무너져내렸으며 소비자는 지갑을 닫았다. 다단계 금융사기의 정체가 마침내 드러나고 금융산업 전반에 걸쳐 유례없는 대규모 사기행각과 음모도 속속 밝혀졌다. 이렇게 시작된 미국발 재앙은 곧 전세계로 퍼져나가 외국의 주식시장, 은행, 투자회사도 함께 무너져내리기 시작했다. 실업률이 치솟고 생산성은 감소했으며, 폭락한 가격으로 인해 디플레이션이라는 망령이 고개를 들었다. 한 시대의 종말이 다가온 것이다.
_ 누리엘 루비니, 앞의 책

돌이켜보면, 1990년대 이후 미국인들은 환상 속에서 산 것인지도 모릅니다. 1980년대 중반 이후 인플레이션이 해결되고 주식, 채권, 부동산 등 자산가격이 상승하면서 환상이 시작되었습니다. 다우존스산업평균지수가 1980~2000년 열 배로 뛰어오르면서, 마치 모든 미국인이 부자가 되었고 또 부자가 될 수 있을 것 같은 환상에 사로잡혔습니다. 그런데 사실 중산서민층이 주식시장에서 차지하는 비율은 부유층에 비하면 미미했습니다. 하지만 주식시장 붕괴의 타격은 늘 그렇듯 부유층보다 중산서민층에게 더 컸습니다.

또한 수많은 중산서민층이 실상은 빚더미에 앉아 있었음에도 불구하고, 끊임없이 빚을 내 소비를 하면서 자신의 소득에 대해 과대평가하고 환상을 품게 되었습니다.

1990년대 이후 지금까지 미국 자본주의는 이처럼 주식시장의 활황이 마치 경제성장을 판가름하는 척도인 양, 소비수준이 마치 자신의 진정한 소득의 결과인 양 은폐해왔습니다. 씀씀이는 커졌지만 실상은 더 가난해진 현실이 주식시장과 부동산시장의 거품과 부채에 의해 은폐되었다는 이야기입니다.

금융은 어떻게 계곡의 진실을 이처럼 교묘하게 은폐할 수 있었을까요? 이 모든 것은 울타리를 해체하고 그 폐허 위에서 월스트리트가 마음껏 뛰어놀 수 있도록 한 정치권력의 책임이 가장 큽니다. 로버트 라이시가 "미국 정부가 월스트리트를 압박하는 규제를 완화하고 금융기관이 큰 손실을 입지 않도록 보호해주는 정책을 취했다는 사실에 주목해야 한다"면서 "이를 통해 정부는 그 전에는 미국 경제사회에서 하인 같은 존재였던 금융계를 사회의 주인으로 변모시키고 말았다"고 지적한 것도 이 때문입니다.

금융의 본질은 허구적 부가가치

장 폴 사르트르(Jean Paul Sartre, 1905~1980)가 유럽에서 가장

날카로운 지성이라 평가했던 앙드레 고르에 따르면, 금융자본의 가치는 순전히 허구적인 것입니다. 그 가치는 대부분 부채와 앞날에 대한 예견에 근거하고 있습니다. 예를 들어 증권시장은 미래의 성장, 기업의 미래 이윤 등에서 나올 수 있는 이득을 자본화합니다. 각 가정은 은행으로부터 주식을 사라는 재촉을 받습니다. 이리하여 주식시세는 점점 더 빠르게 상승하고, 사람들은 허구적 증권자산이 증가함에 따라 점점 더 많은 액수의 은행대출을 받게 됩니다.

이윤과 성장에 대한 예견을 자본화하는 것은 빚을 점점 증가시키며, 허구적 부가가치를 은행에서 자꾸 재순환시킴으로써 유동성 경제를 만듭니다. 그 덕분에 미국 경제는 성장을 할 수 있었던 것입니다. 그러나 이 성장은 안팎의 부채에 토대를 두고 있기 때문에 경제성장의 원동력이 되지 못합니다. 또한 실물경제는 금융산업이 먹여 살리는 투자의 거품에 달린 꼬리가 돼버립니다. 그러다가 피할 수 없는 순간이 닥치면, 부풀어오른 거품은 꺼지고, 은행들은 줄줄이 도산하고, 신용체계는 붕괴위험에 처하고, 실물경제는 오래도록 이어지는 극심한 불황의 위협을 받게 됩니다.

유럽 경제의 침체가 두드러졌던 1990년대에 미국 경제가 이룬 성장의 비밀은, 다른 어떤 나라도 감행할 수 없었던 정책 때문입니다. 미국 경제 또한 유럽 경제처럼 구매능력이 있는 수요가 충분하지 않아서 힘든 상황이었습니다. 하지만 미국은 국민들에게 부채를 지게 함으로써, 유일하게 지불능력 문제를 한시적으로 해결할 수 있었습니다. 지불능력을 갖춘 수요가 줄어들지 않고 경제가 후퇴하지 않도록 하기 위해, 중앙은행은 가구마다 거래은행에서 빚을 내 소비를 하도록 부추겼습니다. 바로 중산계급 가정의 부채 증가가 가시적인 경제성장을 이끌었던 것입니다.

특히 미국은 국외에서 돈을 빌려와 국민들의 빚을 불립니다. 미국은 자신이 국외에 물건을 판매하는 것보다 훨씬 많이 국외로부터 구매함으로써 전세계에 유동자산이 넘치게 만들었습니다. 모든 나라가 미국 소비자들을 위해 노동하는 '특권'을 누리려고 경쟁한 것입니다. 그런데 이 나라들은 미국에 물건을 팔아 번 돈을 다시 미국으로 되돌려보냅니다. 미국의 국채를 사고, 월스트리트에서 주식을 구매함으로써 말입니다. 미국은 남이 번 돈으로 흥청망청 잔치를 벌인 셈입니다. 그런데 이게 다 부채입니다.

이 놀라운 상태는 월스트리트의 주식시세가 계속 오르고, 달러가 다른 통화에 비해 약화되지 않는 한에서만 지속될 수 있습니다. 주식시세가 계속적으로 하락하고 달러 약세가 시작되면, 달러채권의 허구적 성격이 뚜렷해질 것이고, 그러면 세계 금융시스템은 카드로 쌓은 성처럼 무너질 위기에 처할 것입니다. '자본주의는 나락을 향해 나아가고 있다'는 말이 현실화되는 것입니다.

2008년 글로벌 금융위기부터의 세계 자본주의는 앙드레 고르가 예측한 것과 크게 다르지 않게 흘러온 듯합니다. 앞으로도 늘 위태위태할 것 같습니다.

'나는 할 수 있다'는 과대평가 이데올로기

　　시장은 승자와 패자를 나누고 보상의 격차를 확대하면서, 사람들로 하여금 경쟁에 올인하도록 만듭니다. 보상에 격차가 있어도 합리적인 수준이라면, 굳이 경쟁에 뛰어들기보다 스스로 하고 싶은 일을 계속할지 모릅니다. 하지만 격차가 비합리적인 수준으로 벌어지면, 사람들은 승자가 된 사람의 선례를 따를 수밖에 없습니다. 승자가 됐을 때의 보상과 패자가 됐을 때의 패널티 간 차이가 워낙 극명하기 때문입니다. 목숨 걸고 명문대에 가기 위해 매달리는 등 승자가 되기에 가장 좋은 길에 줄을 설 수밖에 없습니다. 승자의 선례가 요구하는 능력을 갖추기 위해 노력하지 않을 수가 없습니다. 이는 저마다 다를 수밖에 없는 특화된 재능을 무시하도록 만들고, 개개인의 본능적 욕구를 억제하도록 부추깁니다.

　경쟁이 치열해질수록 성공의 확률은 더 떨어질 텐데, 사람들은 오히려 승산에 대한 환상을 갖게 됩니다. 누구나 재능이 있고 아이디어만 있으면 기회와 보상이 손에 잡힐 것 같은, 자기 승산에 대한 과대평가입니다. 나도 많은 돈을 벌 수 있고 성공으로 가는 사다리에 올라탈 수 있다는 헛된 믿음, 내가 안 되면 내 자식이라도 그 사다리를 붙잡을 수 있을 것이라는 막연한 믿음입니다.

　환각이라는 것이 늘 그렇듯, 이런 환상은 세상을 의심하는 기능을 마비시킵니다. 그래서 내 주변에 기회가 널려 있는데, 기회의 사다리에 올라타지 못하는 것은 내가 그 기회를 붙잡을 능력이 다소 모자라기 때문이라고 생각하게 만듭니다. 마치 늘 잃으면서도 다음엔 꼭 대박을 터뜨릴 것 같은 도박과 복권처럼 말입니다.

물론 승산에 대한 과대평가가 로버트 프랭크와 필립 쿡이 "사람들은 잘못된 판단을 내릴 때 가장 심하게 과신한다"라고 말한 것처럼, 어느 시대에나 그랬던 인간본성인지도 모르겠습니다. 이어서 두 교수는 애덤 스미스의 말을 인용합니다.

모든 시대에 걸쳐 철학자와 도덕가들은 사람들이 자신의 능력에 대해 갖는 지나친 자만을 악덕이라 생각했지만, 행운에 대한 부당한 과신에는 별 관심을 갖지 않았다. 그러나 그러한 태도는 점점 더 일반화될 것이다. 건전한 육체와 정신을 지닌 사람들 중 그런 태도를 조금이라도 갖지 않은 사람은 없다. 많은 사람이 이득을 얻을 수 있는 가능성을 과대평가하고, 대부분의 사람이 손해를 볼 가능성은 과소평가하며, 몇 사람은 유리한 가능성을 실제 이상으로 평가한다.
_로버트 프랭크·필립 쿡, 앞의 책

그러면서 두 교수는 실제로 NCAA(미국대학농구) 1부리그 소속 대학에서 농구를 시작하는 선수들 중 60퍼센트 이상이 자신이 언젠가 NBA(미국프로농구) 선수가 될 거라고 생각한다는 사례를 들기도 했습니다(실제로는 5퍼센트도 안 됩니다). 사실 사람들은 자신이 평균 이하라고 규정하는 것이 유쾌하지 않기 때문에, 아무 근거 없이 자신을 평균 이상이라고 생각하는 경향이 있습니다. 안 그래도 먹고살기 힘든데, 그런 희망이라도 없으면 어떻게 살겠습니까. 그 희망이 모래성일 뿐이라는 사실을 어렴풋이 알더라도 말입니다.

하지만 타협의 시대에 별로 그러지 않던 사람들이 이후 자신의 승산에 대해 과대평가하게 된 데는 기술혁신의 영향이 크지 않았나 싶습니다. 인터넷이 확산되고 정보유통 속도가 빨라지면서, 이미 사다리에 올라선 사람들이 너무나 쉽게 포착됩니다. 성공신화가 속속들이 순식간에 퍼지면서, 마치 예전보다 기회가 더 많아진 것처럼 착각하도록 만드는 것입니다. 인터넷이 발전하지 않은 시절에는 종이신문이나 자서전을 봐야 성공스토리를 접할 수 있었지만, 지금은 모니터 앞에만 앉으면 아주 세세한 성공의 경로까지 훤히 들여다볼 수 있습니다.

19세기 후반 미국에서 2,000만 부 이상 팔렸다는 허레이쇼 앨저의 《누더기를 입은 딕》 같은 성공소설이 실시간으로, 그것도 수많은 실제인물을 주인공으로, 그리고 단지 클릭 한 번만으로 전세계에 전파되고 있다고 생각해보십시오. 당시 미국인들은 지금보다 더 심한 불평등과 가난에도 불구하고, 이런 성공스토리에 마음을 열고 자기 것으로 내면화했습니다. 하물며 지금과 같은 시대에 나도 남다른 능력을 갖춘다면, 불굴의 노력을 경주한다면 성공할 수 있다는 생각이 들지 않겠습니까.

그래서 예나 지금이나 성공신화, 성공스토리는 이데올로기입니다. 내 승산이 실은 더 떨어졌다는 진실이 수많은 성공스토리에 가려 은폐되고 있습니다. 정보기술이 발전하면서 나의 보잘것없는 승률조차 은폐되고 있습니다. 자신의 승산에 대한 과대평가가 심화될수록 승자의 선례를 따르려는 줄은 더 길어지고, 자신의 성공 가능성을 더 높이기 위해 엄청난 비용을 쏟아붓게 됩니다.

양계장에서 쫓겨난 암탉들은 '이게 아닌데' 하면서도 서서히 새로운 질서에 적응하게 됩니다. 자신의 승산에 대한 환상 속에서 스스로 알아서 달달 볶는 그런 질서를 뼛속 깊이 받아들입니다. 하이드의 몸집은 점점 커집니다. 그럼에도 불구하고 지킬이 느끼는 양심의 가책은 점점 느슨해집니다. 드디어 지킬은 하이드를 전적으로 받아들이고, 동일시하고, 탐닉하기까지 합니다. 바로 '자기계발'하는 인간의 출현입니다.

자기계발형 인간의 출현

자기계발, 말 그 자체로는 나무랄 데 없이 좋습니다. 하지만 울타리가 해체된 후 '자기계발'이라는 말에는 권력관계, 지배와 피지배의 관계가 녹아 있습니다. 자기계발은 성공신화, 성공스토리와 동전의 양면입니다. 이 역시 이데올로기화했다는 이야기입니다.

여러분은 수많은 자기계발 서적에서 보셨을 겁니다. 스스로 변해야 한다는, 자기 운명의 주체는 자신이라는, 철저한 관리로 모든 시간을 효율적으로 사용해야 한다는, 자신을 경영하라는 말들을요. 이런 자기계발 논리는 급기야 자신의 삶을 예술작품으로 상상하고 창조하라고까지 요구합니다. '열정'과 '혼' 같은 예술적 경지로까지 끌어올립니다. 1980년대 이후 자기계발 논리의 두드러진 특징입니다. 하지만 문화비평가 미키 맥기는 《자기계발의 덫》에서 자기계발의 본질을 이렇게 설명합니다.

예술작품으로서의 삶이라는 개념은 자연스럽게 스스로 동기부여하고 스스로를 감독하며 심지어 스스로를 고용하기까지 하는 노동자, 즉 예술가를 이상으로 삼는 경향을 출현시켰다. (……) 하지만 예술작품으로서의 삶이라는 이상이 대안이라기보다는 함정임이 드러난다. (……) 그것은 개인적이고 사적인 영역을, 지칠 줄 모르고 돌아가는 생산의 장이자 가장 판매하기 좋은 자아를 재개발해내는 디자인 스튜디오로 만들어버렸다.

울타리를 해체한 후 기업가들은 노동자들에 대한 새로운 동기부여 체계가 필요했습니다. 하지만 시간이 흐르면 승진이 되고 임금도 오르는 등 평생의 시간이 안정적으로 보장되는, 그런 적절한 보상도 없는 상황에서 동기부여는 참으로 어려운 숙제입니다. 고용불안이 심화되고, 실질임금은 적어지고, 격차는 더 커지는 상황에서도 기업가들은 노동자들을 열심히 일하도록 만들어야 합니다.

바로 이때 "이제 당신은 '당신'이라는 브랜드의 수석마케터다" 같은 표어가 등장하고, 각종 자기계발 서적이 쏟아져나오기 시작합니다. 자기계발서가 세계적으로도 양극화가 심한 미국에서 집중적으로 출간되고 있는 것을 보면, 격차가 큰 사회일수록 이데올로기를 통해 사람들에게 동기를 부여하는 것이 중요함을 알 수 있습니다.

1980년대 이후 히트를 치기 시작한 자기계발 이데올로기는 하나같이 사람들을 고립적인 존재로 가정하고, 성공한 사람들 역시 개인의 자율적 노력의 결과 성공했다고 설명합니다. 끊임없이 자기 안으로 파고들어 스스로에게 해법을 요구하도록 강요합니다. 현실에 대한 불만, 미래에 대한 불안을 개개인의 문제로 치환합니다. 로버트 라이시는《부유한 노예》에서 이렇게 지적합니다.

20세기 중반 타인지향적인 미국은 자신의 정체성을 단체에 잃어버릴지도 모를 위험 속에 있었다. 하지만 신경제의 출발점에 있는 시장지향적인 사람들은 자신의 정체성을 팔아야 하는 위험 속에 있다. 어떤 것이 더 위험할까? 과거만 해도 어떤 사람에 대한 최악의 말은 자신을 팔았다는 것이었다. 그러나 이제는 자신을 팔지 못했다는 것이 최악의 말이 되었다.

이처럼 모든 문제와 해답을 자기 안에서 찾도록 부추기는 '자기계발'이라는 개념은 야만의 실체를 은폐하는 이데올로기가 되고 맙니다. 자기계발 이데올로기가 강조하는 자기변혁은 '변혁'이라는 표현만 빌렸을 뿐, 나를 둘러싼 환경은 고정된 채로 두고 나의 습관을 바꿔 그 환경에 잘 적응하라는 것입니다. 정치와 사회는 쏙 빼고 처세만 남긴 것입니다. 이는 개인의 상처를 사회적인 문제로 이해할 기회를 박탈해버립니다.

　소설가 장정일은 "자기계발 이데올로기는 (자신의 습관을 바꾼다는) 가장 비정치적인 가능성에 혁명이라는 관념을 부여하고 있다"면서 "이런 식의 내면(정신) 혁명은 당사자가 겪는 결핍의 원인인 사회적·정치적·경제적 현실을 외면하게 만든다"고 지적합니다. 그럼시도 이야기한 것처럼, 자본주의는 점점 더 강압적인 수단에 덜 의지하는 대신, 주체의 자발성을 통치에 접합하게 됩니다. 실체는 폭력과 강제와 지배인데, 마치 자율적인 선택인 것처럼 받아들이도록 하는 것입니다.

　개인들이 이런 강제를 자율적으로 받아들일 수밖에 없는 것은, 그 불안과 두려움이 너무 심대해서일지 모릅니다. 너무나 비천하고 절박한 현실 때문에, 너무나 큰 불가항력적 격차 때문에, 기회의 사다리를 붙잡지 않으면 영원히 도태될 수밖에 없다는 두려움 때문에 오히려 자기계발 논리에서 편안함을 구하는 것인지도 모릅니다. 홀거 하이데가 이야기한 대로 말입니다. "격심한 상흔의 경험을 가진 당사자들은 그 불가항력적인 힘 아래로 스스로 굴복해 들어감으로써만, 즉 공격자와 동일시함으로써만 심리적으로 겨우 견뎌낼 수 있다."

　어른들에게 성적인 학대나 신체적 폭력을 당하는 아이들은 도저히 그 폭력을 거부하거나 도피할 수 없을 때, 놀랍게도 그 공격자와 자신을 동일시함으로써 버텨낸다고 합니다. 환상 속에서 도피처를 만드는 셈입니다. 마찬가지로 울타리가 해체된 허허벌판에서 오로지 혼자의 힘으로 살아남아야 하는 유약한 존재인 개인들은, 외부에서 주입된 자기계발의 욕구가 마치 자신의 진정한 욕구인 것처럼 착각하게 됩니다. 일종의 자기배신이고 자기분리입니다. 이로써 이 새로운 욕구를 의심하고 비판적으로 따지기도 점점 더 어려워집니다. 미키 맥기 교수는 다시 반문합니다.

(시장이 요구하는 대로) 외적 가치에 순응하면서, 동시에 진정성을 지니려는 노력은 공존 불가능한 가치들을 화해시켜야 하는, 끊임없는 모순적 과제를 의미한다. 내면성에 가치를 두면서도 시장의 요구에 따라 자신을 변신시킬 수밖에 없는 자아가 어떻게 진정성을 지닐 수 있겠는가?

그래서 울타리가 허물어진 각자도생의 시대는 자신의 본질적 소망과 생존 자체에 대한 소망을 분리시키는, 이중적 인간을 만듭니다. 나아가 자신의 본질적 소망을 추구하는 노력은 점점 작아지고, 생존 자체에 대한 소망을 탐닉하도록 부추깁니다. 이렇게 해서 하이드의 몸집은 점점 커지는데도 양심의 가책은 느슨해집니다. 어느새 사람들은 '자기계발에 몰입하는' 하이드를 온전히 받아들이고 동일시합니다. 원래의 자아인 양 내면화하는 것입니다. 자신의 본질적 소망이 어디 붙어 있는지 몰라 자기 자신에게조차 깊이 소외되는 하이드형 인간, 이것이 죽음의 계곡에 갇혀버린 우리의 일그러진 자화상입니다.

악마의 맷돌은 쉬지도 않습니다. 계속 돌아갑니다. '끊임없이 자기계발하지 않으면 가루가 되어버릴 것'이라고 스스로 최면을 걸게 합니다. 자본주의라는 이름 아래 개개인의 삶은 찢기고 가루가 되고 튕겨나갑니다. 누군가는 맷돌을 멈춰야 합니다. 나의 소중한 삶이 언제나 우선이 될 수 있도록.

6장

탈출

귀신고래

옛날 동해안에 사람 같은 고래가 살았다.

작은 따개비들이 그의 몸에 붙어

너른 바다를 마음껏 몰려다니며

플랑크톤을 찾아먹었다.

새끼고래는 그 등에 업혀다녔다.

바다의 길을 익히고 홀로 설 수 있을 때까지.

매끄럽고 광채나는 피부는 아름다운 것이 아니다.

바다의 모든 것을 지배하는 강한 힘도 멋진 것이 아니다.

새끼를 키우고 작은 미물들을 아끼는 마음이 진짜다.

아직도 많은 이가 귀신고래를 기다린다.

귀신고래를 찾아나선다.

함께 진정한 바다의 주인이 되어

피비린내 나는 나쁜 바다로부터 탈출하기를 꿈꾼다.

수평적 생태계의 흐름에 따라가는
진정한 탈출

옛날 우리나라 동해안에 많이 살았다는 귀신고래 이야기를 들어보신 적이 있는지요. 해안 바위 사이 수면 위로 머리를 세우고 있다가 사람이 다가가면 귀신같이 사라진다고 해서 붙여진 이름입니다. 울산 반구대 암각화에도 새겨져 있을 정도로 우리 민족과 친근한 고래입니다. 몸집은 집채만 해서 지느러미를 한번 저으면 온 바다가 출렁였다는 신비한 동물입니다.

영화 〈인디아나 존스(Indiana Jones)〉의 실제 모델인 미국의 동물학자이자 탐험가 로이 채프먼 앤드루스(Roy Chapman Andrews)는 이 동물에 큰 흥미를 느꼈습니다. 1912년 울산 앞바다에 와서 1년 동안 머물며 연구해 귀신고래에 대한 논문을 발표하기도 했습니다.

희한하게도 이 귀신고래는 몸 전체에 따개비나 굴껍데기들을 잔뜩 붙이고 다녔습니다. 피부 표면이 울퉁불퉁해 볼썽사납기도 한데 말입니다. 바닷가 암초에 주로 서식하는 따개비들은 귀신고래의 몸에 붙어 바다를 유영하며 플랑크톤을 먹고 살았습니다.

귀신고래는 또 어린 새끼를 등에 업고 다니며 키웠습니다. 제 새끼를 잡아간 포경선을 목숨을 걸고 공격한다고 해서, 미국에서는 '악마의 물고기(Devil-Fish)'라고 불리기도 합니다.

울퉁불퉁 따개비들을 몸에 붙이고 어린 새끼까지 등에 업은 엄청난 몸집의 고래가 푸른 바다를 유유히 헤엄쳐다니는 모습을 한번 그려보십시오. 이 귀신고래는 덩치에 어울리지 않게 자잘한 갑각류를 먹고 살았다고 합니다. 미끈한 피부를 햇빛에 반짝거리며 큰 덩치와 엄청난 힘으로 상어조차 한입에 베어물어버리는 범고래류와는 왠지 다른 아우라가 느껴집니다.

'죽음의 계곡'은 공존공생해야 할 생태계를 사나운 범고래들이 독점하고 평정해버린 수직적 먹이사슬인지도 모릅니다. 일렬로 줄서서 먹고먹히는 참혹한 야생의 세계 말입니다. 보다 건전하고 행복한 생태계로 바꿀 수는 없을까요? 귀신고래처럼 폼이 좀 안 나더라도 더덕더덕 나의 상처 남의 상처를 다 끌어모아 훈장처럼 붙이고, 또 내가 보살펴야 할 약한 존재들을 업고 다니며 키워주는 그런 따뜻한 생태계로 말입니다. 나로 인해 남의 생명이 살아 숨쉬고, 나 역시 남들로 인해 성숙하고 아름다울 수 있는 그런 수평적인 생태계로요. 좀 살 만하면 더 몸집을 키우고 여린 것들은 다 깔아뭉개며 승자독식의 잔치를 벌이는, 그래서 새로 태어나는 것들조차 더 사납고 포악해지는 줄에 서야 하는 야생의 세계를 넘어서서 말입니다.

많은 분이 시장의 비중을 줄이고 계획의 비중을 늘리는 문제에 대해 이야기합니다. 그렇게 해서 기회와 보상의 격차를 줄이고, 어찌할 수 없는 격차의 희생양이 되는 사람들에 대해서는 복지를 늘려야 한다고 주장합니다.

물론 꼭 필요한 일입니다. 하지만 그래도 여전히 의문이 남습니다. 이렇게 새로운 타협을 이룬다면 지금의 많은 문제가 해결될까요? 그렇게 하면 내 안의 하이드가 사라지고, 승자가 될 기회를 붙잡기 위해 내 모든 것을 던지는 상황이 종료될까요? 자기계발의 최면에서 벗어날 수 있을까요? 아니, 타협의 시대를 지탱해주던 울타리가 허물어진 지 수십 년이 지난 지금, 그런 타협을 다시 현실적으로 복원할 수 있을까요?

1980년대 이후 정치권력이 '악마의 맷돌'과 같은 시장지상의 가치를 전면화하고, 다른 가치들을 한쪽 귀퉁이로 완전히 몰아낸 후, 그 시장의 가치는 어느덧 세상의 본질이 되어버렸습니다. 그 가치를 주도한 정치가 오히려 형식이 되어버렸습니다.

세상이 알아주는 기회에 줄서는 이데올로기, 그 기회를 잡기 위한 자기계발·자기최면의 이데올로기는 이미 외부의 힘에 의해 개인들에게 강제되는 수준을 넘어섰습니다. 이 이데올로기는 이제 '상식'의 지위를 획득했고, 개개인의 마음속에 깊숙이 내면화되었습니다. 오히려 개인들이 주체가 되어 적극적으로 수용하는 공모가 벌어지고 있습니다. 그래서 격차를 줄이는 계획과 타협이 이루어진다 해

귀신고래의 모습. 자신이 보살펴야 할 약한 존재들을 몸에 붙이고 새끼를 업고
바다를 유영하는 귀신고래는 '죽음의 계곡'을 벗어날 수 있다는 희망의 단서이다.

도, 이는 탈출의 충분조건이 될 수 없습니다.

또 하나, 눈부신 혁신을 거듭한 기술은 옛날처럼 쉽게 울타리를 둘러칠 수 있는 대량생산·대규모 고용체제를 넘어선 지 오래입니다. 사람들이 담당했던 많은 일이 기계와 컴퓨터로 대체되었습니다. 자본가 또는 노동자로 쉽게 규정할 수 없는 수많은 부류가 계속 생겨나고 있습니다. 기업들은 자국에서보다 현지에서 상품을 더 많이 만들고 있습니다. 자본과 노동이 타협하기도 쉽지 않고, 설령 타협을 하더라도 울타리가 껴안을 수 있는 영역은 생각보다 많지 않습니다.

그래서 기회와 보상의 격차를 줄이고 복지를 확장하는 작업은 꼭 필요한 기획이고, 또 우리가 이뤄내야 할 작업이지만, 그것만으로는 부족하다는 것입니다. 세상을 조금 덜 나쁘게, 혹은 좀더 나아지게 할 수는 있어도, 세상을 바꿀 수는 없습니다.

지금 우리에게 더 근본적인 것은, 수평적 생태계의 싹을 품고 있는 우리 주위의 귀신고래들을 찾아내고 그 의미를 인식하는 것, 그리고 그 흐름에 몸을 맡기는 것입니다. 지금 우리 주변에서는, 아직은 그 의미가 어렴풋하지만, 많은 희망적인 변화가 일어나기 시작했습니다. '죽음의 계곡'을 벗어나는 첫발은 우리가 그 변화의 조짐들로부터 탈출과 희망의 단서를 정확히 읽어내고 그 흐름에 합류하는 것입니다.

IT라는 바다의 귀신고래들

      1990년대 정보기술혁명 때만 해도 하드웨어와 소프트웨어의 발전은 대부분 기업을 위한 용도였습니다. 그래서 정보기술화로 인한 생산성 향상의 과실은 대부분 기업과 주주, 그리고 전문직 종사자 등 일부에게 집중되었습니다.

  정보기술혁명은 또 전세계의 물리적 거리를 좁히며 세계화를 촉진했고, 그래서 사람과 사람 사이의 양극화도 심화되었습니다. 우리를 더 깊숙한 승자독식의 먹이사슬로 끌어들이면서, 시장에서 활동하는 선수들의 행태도 더욱 포악하게 만들었습니다. 당시 정보기술혁명의 상징, 마이크로소프트(MS)가 대표적입니다. 리눅스 진영의 오픈소스 개발자 김인성 씨는 《한국 IT산업의 멸망》에서 이렇게 말합니다.

  빌 게이츠는 운영체제 독점으로 엄청난 성공을 거두고 있었지만, 언제 누가 자신을 위협할지 모른다는 두려움에 사로잡혀 있었다. 빌 게이츠가 가장 두려워했던 것은 차고에서 뭔가 새로운 것을 만들고 있는 젊은이들이었다. MS는 언제나 점유율이라는 무기와 호환성이라는 명에를 활용해 수많은 경쟁제품을 죽여왔다. 경쟁을 위해서는 공짜에 가깝게 제품을 뿌리는 짓도 서슴지 않았지만, 일단 경쟁에서 승리하고 나면 그동안 챙기지 못했던 이익을 복구하기 위해 무자비하게 가격을 올리곤 했다. MS는 언제나 남의 기술을 베끼고 있을 뿐이며, 점유율을 무기로 사용자들이 이류제품을 쓰도록 만드는 깡패일 뿐이다.

자신도 별로 가진 것 없이 시작했으면서, "무엇이 가장 두려운 가?"라는 질문에 "누군가 차고에서 전혀 새로운 무언가를 개발하고 있지 않을까 두렵다"고 대답한 빌 게이츠. 그가 독점을 욕망하며 범 고래처럼 생태계를 파괴한 것은 바로 이런 두려움 때문이었을 겁니다. 하지만 다른 한편에서는, 더 많은 젊은이가 자신처럼 차고에서 세상에 없던 창의적인 것을 만들어내기를 바라는 IT바다의 귀신고 래들이 서서히 생겨났습니다. 아직은 파괴된 생태계의 흔적들을 많이 품고 있지만, 그래도 '나로 인해 다른 이들도 더 창의적인 것을 만들어 성공하고, 그들의 성공으로 나 역시 더 성공하기를 희망하는' 귀신고래들 말입니다.

최근 애플과 구글, 페이스북 등이 만들어내고 있는 변화는 10년 전만 해도 상상할 수 없었던 것입니다. 소프트웨어와 서비스의 많은 부분이 기업이 아니라 개인들을 위해 제공되고, 본질적으로 대 중적일 수밖에 없는 미디어 중심적인 특징을 보이기 시작했습니다. 이를 통해 사람과 사람 사이의 관계를 더 수평적으로 만들고, 그 관계의 범위도 더 광활하게 넓혀주고 있습니다. 무엇보다 이들 은 독점보다 개방, 수직적 먹이사슬보다 수평적 플랫폼 생태계를 구축해야 더 나은 미래가 보장되는 새로운 패러다임을 만들어가고 있습니다.

손가락 하나로 모바일 인터넷에 관련된 모든 것을 할 수 있는, 완벽한 사용자 인터페이스를 구축한 아이폰. 하지만 이 아이폰이 세상에 던진 메시지는 최적화된 사용자경험만이 아닙니다. 아이폰이 귀신고래인 이유는, 앱스토어를 통해서 외부의 수많은 개발자를 참여시켜 콘텐츠마켓을 만들고, 또 이 마켓을 통해서 외부 개발자들을 영웅으로 부상시켰으며, 이런 과정을 통해 소프트웨어 생태계를 건전하게 진화시키고 있기 때문입니다.

아이폰 이전만 해도 휴대전화 제조업체들의 경쟁력은 내장소프트웨어의 품질을 높이고 절대권력인 통신사의 요구에 맞춰 빠르게 공급하는 것이었습니다. 이를 위해서는 주로 뛰어난 내부 개발자들이 필요했을 뿐입니다. 하지만 지금 애플의 경쟁력은 디바이스 자체나 OS소프트웨어가 아닙니다. 2억 명의 고객과 30만 개의 앱을 운영하는 외부 개발사와의 협력관계입니다.

구글은 애플보다 더 나아가, 생태계간 수평적 호환까지 포함한 오픈소스의 플랫폼, 즉 더 넓은 생태계를 제공합니다. 구글은 오픈소스를 통해 자신의 서비스를 개방했고, 독점소프트웨어를 사들여 무료로 공개했습니다. 안드로이드 소스코드를 휴대전화 개발사에 무료로 제공하고, 공짜 웹브라우저도 제공하고 있습니다. 구글을 통한 검색이 늘수록 검색링크를 타고 다른 사이트를 방문하는 사용자도 늘어나면서 윈-윈구조가 됩니다. 내부에 자료를 쌓아놓고, 사용자들로 하여금 포털 안에서만 놀게 하는, 야후나 네이버의 폐쇄적인 구조와는 다릅니다.

또 구글 주변은 늘 새로운 아이디어를 가지고 벤처 창업을 꿈꾸는 외부 개발자들로 붐빕니다. 구글은 이들의 비즈니스모델을 제값을 주고 사들여 더 키우고, 외부 개발자들은 그 돈으로 다시 새로운 도전을 모색하는, 돌고도는 선순환을 만들어가고 있습니다.

페이스북은 사실 SNS(소셜네트워크 서비스) 시장의 후발주자였습니다. 하지만 게임 등 다양한 부대기능을 외부 개발사가 만들 수 있도록 플랫폼을 개방했습니다. 페이스북 자체가 서비스이면서, 이를 플랫폼화해서 외부 개발자들에게 열어줌으로써 선발주자인 마이스페이스를 제치고 외부 개발사들과 함께 성장하고 있습니다.

그래서 애플, 구글, 페이스북은 각각 귀신고래입니다. 외부 개발자와 사용자들이 마치 따개비와 새끼처럼 그 몸에 달라붙고 등에 업혀 자라고 있습니다. 이들은 외부인들이 자신의 등에 달라붙어 성공한다고 해서 자신이 손해를 보는 것이 아니라는 사실을, 오히려 그럴수록 자신들에게도 더 이득이라는 것을 잘 압니다.

물론 생태계의 참가자들 모두 자신의 성공을 목적으로 합니다. 이는 분명 경제지향적인 논리이고 시장적인 가치입니다. 그래서 플랫폼을 제공하는 쪽과 이용하는 쪽이 때로는 갈등을 빚고, 플랫폼끼리도 생사를 넘나드는 치열한 경쟁을 벌이기도 합니다.

하지만 이들에게는 MS가 보여주지 못한 또 하나의 논리가 있습니다. 바로 자신의 기술과 아이디어로 세상에 없던 것을 만들어, 사람들에게 보탬이 되고 세상을 바꾸겠다는 창조의 논리입니다. 우리에게는 '가지고자' 하는 욕망과 '이루고자' 하는 욕망이 있습니다. 전자보다 후자가 인간에게는 더 본질적이고, 역사를 진보시

애플 전경. 구글, 페이스북과 함께 애플은 '수평적 플랫폼 생태계'를 구축해야
더 나은 미래가 보장되는 새로운 패러다임을 만들어가고 있다.

키는 것임은 두말할 나위도 없습니다.

더욱이 에디슨 시대도 아니고, 지금과 같은 지식경제사회에서 '창조'라는 것은 본질적으로 공생하는, 즉 열린 생태계를 지향하게 됩니다. 옛날에는 골방에서 혼자 뚝딱뚝딱 새로운 무언가를 만들어냈지만, 지금은 아이디어 자체가 공공재가 되었습니다. 1972년 노벨경제학상 수상자인 케네스 애로(Kenneth Joseph Arrow)는 "정보는 재산권을 확립하기 어려운 자원이다. 그래서 사적재산권 체계와 정보의 수집 및 유포 사이에 존재하는 모순에 직면하기 시작했다"고 지적하기도 했습니다.

이제는 자신의 아이디어와 지식을 꼭꼭 숨겨놓기보다 오히려 더 드러내고, 다른 사람의 지식과 창의성을 더 적극적으로 보태야 자신의 아이디어도 더 발전된 형태로 세상에 내보일 수 있습니다. 그래서 애플 이후의 IT 발전은, 물론 앞으로 과정상에 수많은 우여곡절이 있고 파편도 생기겠지만, 본질적으로 진보적인 가치와 연결될 수밖에 없습니다. IT바다 최일선에 있으면서 생각과 영혼은 보수를 지향한다면, 이것만큼 모순된 일도 없지 않을까 싶습니다.

앙드레 고르는 자본주의의 미래에 대해 이렇게 이야기합니다.

지식경제에서 컴퓨터용어로 번역되고 재생산되고 무료로 소통될 수 있는 것은 모두 공동의 자산이 될 것이다. (모두가) 그렇게 쓴다 한들, 남들도 그렇게 할 수 있는 자유를 전혀 침해하지 않는다. 이는 생산수단의 독점으로부터 우리가 해방된다는 이야기이고, 그리하여 우리의 필요를 충족하는 양식에 있어 자율성이 회복됨을 의미한다. 사람들은 자신의 경험, 아이디어, 발명, 발견들을 서로 주고받거나 함께 쌓아가게 되고, 그래서 노동은 문화의 생산자가 될 것이다. (……) 세상에는 자본주의 경제가 끌어내 사용할 수 있는 것보다 훨씬 많은 능력과 창의성, 재주가 존재한다. 이런 자원은 부의 창출이 수익성의 기준에 굴종하지 않는 경제에서만 생산적일 수 있다.

_ 앙드레 고르, 《에콜로지카(Ecologica)》

스티브 잡스가 처음으로 세상에 선보인 것은 완벽한 사용자 인터페이스를 장착한 몇 개의 디바이스가 아닙니다. 그는 인간의 창조적 욕망과 인간사회의 창조적 문화를 드러냈고, 그래서 창조성을 기준으로 부의 창출이 평가될 수 있음을 처음으로 보여주었습니다. 이것은 스티브 잡스 본인이 의도했든 또는 전혀 생각하지 못했든, 기존의 경제적 논리를 뛰어넘는 혹은 그 경제적 논리와 함께 갈 수도 있는, 더 가치있고 진보적인 새로운 상식, 새로운 희망일지 모릅니다.

그래서 우리는 아이폰을 쓰든 안 쓰든, 그에게 빚을 지고 있습니다. 누구의 소유도 아닌 광장, 그곳에서 누구나 마음껏 놀고 재능을 발휘하고 성공을 실현하고…… 그렇게 하다 보면 자연스럽게 세상이 더 진보적인 쪽으로 이동하는 플랫폼, 그가 내놓은 것은 죽음의 계곡을 탈출할 수 있는 실마리입니다.

가치의 새로운 기준, 창조공생

창조성으로 치면 옛날 피카소나 고흐가 더 창조적이겠지요. 한 사람은 사물을 보는 기존의 시각을 완전히 뒤집었고, 또 한 사람은 귀까지 자르면서 창조혼을 불태우지 않았습니까. 하지만 이들의 창조는 예술적 가치였습니다. 사회를 진보시키는 공공의 가치는 아니었습니다. 같은 예술의 영역이지만 오히려 건축가 안도 다다오의 '창조'로부터 우리는 '공생'이라는 가치의 힌트를 얻을 수 있습니다.

안도 다다오(安藤忠雄)는 노출 콘크리트 소재로 일관한, 일본의 세계적인 건축가입니다. 닥지닥지 붙은 소형주택 안에 중정(中庭, 중앙정원)을 도입하고, 외부는 네모난 상자처럼 콘크리트로 둘러싼 건축물로 유명합니다. 그의 건축이 독보적인 것은, 어떤 형태의 건축물을 지을지 고민하기 전에, 그곳에서 어떤 사람들이 어떤 의지를 가지고 어떤 문화를 만들어갈지를 먼저 생각하는 건축철학 때문입니다. 일본 가가와현의 작은 섬 나오시마에서 보여준 미술관프로젝트에서 그의 이런 철학이 잘 드러납니다.

나오시마는 인구 과소화와 고령화가 진행된 쇠락한 외딴섬에 불과했습니다. 빈집이 많았고, 오랜 금속제련산업 때문에 자연도 황폐해진 상태였습니다. 안도 다다오는 1980년대 말부터 일본의 한 기업과 함께 이곳을 '문화의 섬'으로 되살리는 프로젝트를 시작합니다. 그의 아이디어는 바다로 둘러싸인 절경 위에, 그 아름다운 풍경을 망가뜨리지 않도록 지형을 따라 땅에 묻힌 듯한 미술관을 짓는 것이었습니다.

건물의 절반은 땅에 묻혀 보이지 않지만, 대신 지상으로 솟은 부분으로 빛이 차고 넘치게 들어옵니다. 변화무쌍한 자연이 펼쳐지다가 예술작품이 살짝 나타나고 사라지는, 자연을 향해 활짝 열린 미술관입니다. 안도 다다오는 예술은 미술관 안에 있는 게 아니라 대지 전체에 있음을 보여주고자 했습니다.

얼마 지나지 않아 변화가 일어나기 시작합니다. 아티스트들은 이미 완성한 작품을 가져와 전시하는 것이 아니라, 현지에 와서 그 전체 대지를 보고 아이디어를 내고, 주민들과 협력해서 작품을 만듭니다. 주민들도 변화합니다. 예술작품으로 되살아나고 있는 섬을 지켜보면서 노인과 젊은이가 대화를 시작하고, 웃는 낯으로 방문객들을 안내합니다. 섬에 대한 자신감과 자부심이 생기면서 사람들은 마을을 더 예쁘게 꾸미기 위해 대문에 발을 걸거나 꽃을 꽂는 등 다양한 아이디어를 내고 실행합니다.

섬에 대한 소문이 퍼지면서 세계 각국 관광객들의 발길이 이어지자, 일본 정부는 나오시마를 일본의 대표이미지로 광고에 활용합니다. 안도 다다오는 이렇게 말합니다.

만드는 쪽과 사용하는 쪽이 대화통로를 결여한 채 그저 새것을 생산하고 소비하기만 하는 사회구조에서는 나오시마와 같은 '살아 있는 장소'를 만들어내지 못한다. 중요한 것은 건물을 키워가고자 하는 사람들의 의식이며, 세월과 함께 매력을 키우는, 성장하는 건축이다. (……) 자유롭고 공평한 사회를 지탱하는 것은 개인의 자아를 넘어선 공공정신이다. 하지만 그런 정신 아래 사람들이 모이고 함께 살아가는 기쁨을 실감할 수 있는 장소와 시간, 참된 의미에서의 퍼블릭을 만드는 것은 국가와 공공이 아니다. 뭇사람의 인생을 풍성하게 하는 문화를 창조하고 키워가는 것은 어느 시대나 개인의 강력하고 격렬한 열정이다. 그들의 열정에 부응할 수 있는, 생명이 깃든 건물을 나는 짓고 싶다.

_ 안도 다다오, 《나, 건축가 안도 다다오(建築家 安藤忠雄)》

나오시마의 미술관은 일본 정부가 계획해서 만든 것이 아닙니다. 명령의 흔적도, 계획의 자취도 없습니다. 하지만 이 미술관은 퍼블릭(public)입니다. 명목상으로는 개인 기업가의 소유지만 그의 소유도, 아티스트들의 소유도, 건축가의 소유도, 주민들의 소유도 아닌 공유의 플랫폼입니다. 사람들은 미술관을 통해 섬 전체를 변화시키고 싶은 공감을 갖게 되었고, 그 공감을 실현하기 위해 저마다 열정과 창조성을 발휘합니다.

안도 다다오의 창조가 피카소나 고흐의 창조와 다른 이유가 바로 여기에 있습니다. 피카소의 창조가 그 개인의 천재성을 드러낸 것이라면, 안도 다다오의 창조는 다른 많은 사람이 자신의 창조성을 드러내고 세월과 함께 매력을 키워가는 공생의 공간, 즉 퍼블릭을 만들어낸 것입니다.

이처럼 열린 플랫폼, 공생의 생태계에서는 창조적인 가치가 공공의 가치로 발전할 수 있습니다. 사람들은 본질적으로 다른 사람의 통제를 받으면서 일을 하지 않으면 안 될 때만 다른 사람의 통제를 받으며 일하는 법입니다. 다른 이의 통제를 받으며 일을 해야 하는 상황에서 벗어난다면, 사람들은 자신의 욕망을 실현하기 위해 창조적으로 일할 수 있습니다. 열린 플랫폼, 공생의 생태계는 사람에 대한 사람의 통제를 제거할 수 있기 때문에 사람들의 창조적인 욕망을 자극하게 되고, 이들의 창조적인 가치는 다른 사람들과의 공생을 위한 가치로 발전할 수 있습니다.

애플과 구글과 페이스북의 창조적인 가치가, 아직은 싹에 불과하지만 공공의 가치를 담을 수 있는 것도, 각각이 열린 플랫폼과 공생의 생태계를 구축하면서 외부 개발자 또는 사용자들과 공존을 모색하기 때문입니다. 그래서인지, 실리콘밸리의 청년창업가들은 한때 월스트리트의 투자은행으로 향하던 젊은이들과는 목표도 자세도 다릅니다.

월스트리트 자본주의에서 개인의 꿈은 '돈을 많이 버는 것'이 전부지만, 실리콘밸리에서는 최소한 꿈이 하나 더 있습니다. 이들은 아침 일찍부터 북적대는 카페에서도, 자신의 아이디어를 동료 학생들에게 발표하는 대학의 세미나룸에서도, 몇 평 안 되는 자신의 사무실에서도 이 말을 빼놓지 않습니다. "세상에 존재하지 않은 새로운 아이디어로 세상을 바꾸고 싶다(We wanna change the world). 세상에 보탬이 되는 것을 만들고 싶다." 그저 돈만 벌면 그만인 '메이크 머니(make money)'가 아니라, 세상에 새로운 가치를 추가하는 '크리에이트 밸류(create value)'를 하겠다는 또 하나의 꿈 말입니다.

이들이 세상을 향해 이처럼 과감한 꿈을 꿀 수 있는 것은, 훌륭한 아이디어만 있으면 투자자와 동료 개발자들이 합류하고, 설령 실패하더라도 오히려 그 경험이 자신의 자산이 되고, 그래서 자신의 뜻을 펼칠 수 있는 창업의 생태계가 실리콘밸리에 존재하기 때문입니다. 심지어 실리콘밸리의 한 회사에서는 새로운 직원을 뽑을 때 몇 번이나 실패해봤는가를 물어본다고 합니다. 실패의 경험이 많을수록, 즉 실패를 통해 배운 것이 많을수록 그 회사의 입사시험에 합격할 가능성은 더 큽니다.

역으로, 이제 공생의 가치는 누군가의 완벽한 설계에서 만들어지는 시대가 아니라는 이야기입니다. 퍼블릭은 수많은 개인의 창조적 열정이 만들어내는 영역이 되었다는 것입니다.

계획의 역할은 그 생태계가 잘 굴러가도록 독려하고, 반칙과 포식자를 통제하는 것 아닐까요. 그래서 공생의 진보적 기획이 필요하지만, 그 기획은 국가나 누군가의 일방적인 설계와 시공에 의해서가 아니라, 수많은 개인의 자발성에 의해서 마침내 실현될 수 있습니다. 그러니 우리가 해야 할 일은, 개인들의 창조적인 활동을 담아내고 나눌 수 있는 우리 주변의 크고 작은 플랫폼과 다양한 생태계를 발굴하고, 소중히 여기고, 합류하고, 키우는 것입니다. 이것이 바로 창조공생의 가치입니다.

어쩌면 우리는 '공생', '공공', '공동체'라는 개념에 대해 고정관념을 가지고 있는지도 모릅니다. 크게 눈에 띄지 않게 비슷하게 사는 것, 혹은 잘 짜인 설계에 따라 골고루 나누며 사는 것 정도로 말입니다. 그렇다면 이렇게 반문하지 않을 수 없습니다. 큰 걱정 없이 작은 행복을 누리며 살았다고 해서, 양계장을 과연 참된 퍼블릭이었다고 할 수 있는지, 옹기종기 서로 도우며 살던 윌래밋밸리의 칼라푸야 부족을 참된 공동체였다고 할 수 있는지 말입니다.

시장을 강조하는 사람이든, 복지를 주장하는 사람이든, 퍼블릭과 프라이빗(private)에 대해 너무 이분법적으로 생각하고 있는 것은 아닌지 생각해봐야 합니다. 우리는 어린 시절부터 신호등을 잘 지키는 것이 모범시민의 기초라고 배웠습니다. 길을 건널 때는 꼭 손을 들어야 한다고 귀에 못이 박이도록 들었습니다. 그런데 말입니다. 빨간불이 비합리적이라면 무시할 수도 있는 것 아닌가요? 차가 있는지 없는지 살피라는 교육보다, 사람이 있는지 없는지 살펴야 한다는 교육이 더 우선적이고 중요하지 않나요? 길은 사람들을 위해 존재하는 것이니까요.

우리는 또 워낙 양극화된 사회를 살고 있는 탓에 무의식적으로 '평균적인 사회'를 지향하게 되었는지도 모릅니다. 하지만 오히려 정답은 개인의 관심과 재능, 자율과 창조성을 전면화하는 데 있지 않을까요? 그 다양한 차이가 드러날수록 우리 사회는 더 풍요로워지지 않을까요?

창조적 가치가 공공의 가치로 확산될 수 있는 것은, "사익을 추구하면 저절로 공공의 이익이 달성될 수 있다"는 죽음의 계곡의 시장 논리와는 전혀 다릅니다. 죽음의 계곡에서는 개개인의 창조적 가치가 드러나고 발휘되는 것이 아니라, 승자에 대한 끊임없는 모방 바이러스만 유포되고 있습니다. 개인의 고유한 능력이나 열정과 상관없이 오히려 개인의 열정을 억압하면서 무조건 승자의 줄에 서도록 부추깁니다. 그 승자라는 것도 단지 경제적인 가치를 기준으로 수직적으로 서열화한 것에 불과할 뿐인데 말입니다.

수익성, 효율성, 시장성 등의 경제적 가치는 본질적으로 많고 적음과 위·아래를 나누는 것이기 때문에 경제적 가치만으로 평가한 '기회'는 늪일 수밖에 없습니다. 올라선 사람들을 보며 자신도 높이 올라가려면 기회의 사다리를 붙잡기 위해 안간힘을 써야 합니다. 이미 높은 곳에 올라선 사람들도 더 올라가기 위해 몸부림쳐야 합니다.

경제라는 가치기준으로만 세상을 본다면, 우리는 항상 대기상태에서 치열하게 살아야 합니다. 한순간도 한눈을 팔아서는 안 됩니다. 체제에 순응할 수밖에 없고, 뭔가 잘못 돌아가는 것 같다고 생각하면서도 외면할 수밖에 없습니다. 의심하는 능력은 퇴화되고 맙니다. "성공신화를 보고 배워라." "꿈을 가져라." "꿈을 이루기 위해 어떤 희생이라도 감수하라." 거의 폭력 수준의 요구가 난무해도 흔쾌히 받아들이게 됩니다.

그래서 한번 빠지면 헤어나올 수 없고, 빠져서 허둥대는 사람들을 뻔히 보면서도 계속해서 뛰어드는 늪입니다. 아무리 '자기실현'이라고 포장한들, 경제적 가치에 종속된 자기계발은 '나를 어떻게 하면 더 잘 팔 수 있을까'의 문제로 귀결될 수밖에 없습니다. 자신을 팔아야 하는 사람들은 이 모든 것을 만회할 수 있는 것은 돈이라고 생각하게 되고, 그래서 더 가져야 한다는 욕망의 늪에 더 깊숙이 빠져들고 맙니다.

그러니 이 양극화된 보상의 분포를 바꾸고, 스스로에게 끊임없이 줄서기를 강요해야 하는 지금의 상황을 바꾸기 위해서는 좀더 근본적인 해법이 필요합니다. 그것은 바로 경제적 가치로만 평가되는 '기회'에 대한 우리의 생각과 가치부터 바꾸는 것입니다. 그것이 바뀌지 않는다면, 아무리 울타리를 만든다 한들, 죽음의 계곡에서 완전히 탈출할 수 없습니다.

승자의 커리큘럼과 스펙을 끊임없이 따라가고, 그 모방에 성공하면 자신이 타고 올라온 기회의 사다리를 걷어차버리는 것이 아니라, 아예 밑에서부터 기존의 사다리를 치워버려야 한다는 이야기입니다. 각자가 세상에 없던 새로운 귀신고래가 되기도 하고, 다른 사람이 만들어놓은 공생의 플랫폼에 합류하면서 말입니다. 이런 과정이 쌓이고 쌓이면 새로운 상식이 만들어지고, 그 상식이 언젠가 세상의 본질이 되지 않겠습니까.

새로운 인간형의 출발, 부정과 의심

자기계발의 이데올로기는 사회의 문제를 자신의 문제로 돌리게 하고, 그래서 개인을 생존 그 자체만을 소망하는 삶에 매몰시킵니다. 우리는 이제 스스로 새로운 질문을 던져야 합니다.

그렇다면 본질적인 소망을 추구하기 위한 내 내면의 자유의지는 자기계발의 이데올로기에 의해 모두 변질되고 만 것인가? 어차피 내 의지가 내 것이 아니라 남의 의지라면, 보다 나은 인간이 되고자 하는 소망 자체를 포기해야 하는가? 내 본질적인 소망을 찾아 끄집어내서 마음껏 뛰어놀게 하려면 어떻게 해야 하는가?

이런 질문들에 대해 서동진 계원디자인예술대 교수는《자유의 의지 자기계발이 이지》에서 이렇게 답합니다.

신자유주의는 '지배 대상'으로서의 '주체'를 빚어낸다. 그렇지만 그것은 동시에 자기 삶을 대하는 주체에게 새로운 행위 가능성, 즉 개인적 자유를 행사할 수 있는 기회를 부여하면서 작용한다. (……) 권력의 주체화 논리, 즉 '자기계발하는 주체'의 형성은 아이러니하게도 동시에 기존의 규율사회를 비판하고 자유를 꿈꾸는 주체의 자기형성 논리와 겹쳐져 있다.

우리를 극한으로 밀어붙인 죽음의 계곡은 '종속된 주체', '지배의 대상이 되는 주체'를 만들었지만, 동시에 대상화된 주체를 벗어나고자 하는 '자유의 의지'를 확인시켜주기도 했습니다. 오히려 자신의 본질적인 소망을 찾는 데 더 주저한 것은 양계장의 암탉들이었습니다. 철망을 박차고 나간 암탉에게 이들은 자신들이 누리고 있는 자유의 편안함을 설파했고, 하늘을 날고 싶다는 소망을 확인한 암탉에게 오히려 타협을 권했습니다.

《지킬 박사와 하이드》에서 지킬은 원래의 선한 자아를 잃어버리고, 악한 자아와 더 철저히 결합합니다. 이전에는 약을 먹어야만 지킬이 하이드로 변신했지만, 이제는 약을 먹어야만 하이드가 지킬로 변할 수 있었습니다. 지킬과 하이드가 도저히 화해할 수 없는 극한까지 치달았을 때, 지킬은 누구도 들어오지 못하게 문을 걸어잠그고 하이드와 정면으로 마주합니다. 그리고 하이드를 향해 방아쇠를 당깁니다. 자기 내면의 하이드를 완전히 걷어내기 위해 지킬은 스스로 목숨을 끊은 것입니다.

밤이 깊을수록 새벽이 가까운 법입니다. 울타리가 만신창이가 되고 허허벌판에 홀로 서게 된 지금, 우리는 제대로 한번 내 본질적인 소망을 확인할 수 있는 기회를 얻었습니다. 그래서 지금 우리에게 주어진 과제는, 내 안의 자율과 자유를 완전히 밀어내버리는 것이 아니라, 자유의 종류에 대해 보다 근본적인 질문을 던지는 것입니다. 자기계발의 논리에 강제되고 순응하는 자유인지, 아니면 강제된 자유에서 탈출하려는 자유인지 확인하는 작업 말입니다. 그러기 위해 내 안의 하이드와 정면으로 마주해야 합니다.

이를 위해서는 세상의 모든 논리에 대해 '부정'하고 '의심'해야 합니다. 우리가 지금 '내 생각'이라고 하는 것들 중에 '진짜 내 생각'이라고 할 수 있는 것은 이미 거의 남아 있지 않을지도 모릅니다. 그래서 탈출의 과정은 퇴화해버린 나 자신의 '의심하는 능력'을 복원하는 데서 시작되어야 합니다. 이를 통해 내 안의 하이드를 한 방울 한 방울 짜내야 합니다. 내가 지금 살고 있는 이곳, 여기에 깊숙이 적응한 내 마음이 바로 죽음의 계곡임을 자각하는 순간, 우리는 비로소 탈출의 시동을 걸 수 있습니다.

이제는 더 이상 잔 다르크 같은 영웅이 나타나 우리를 구원해줄 수 있는 시대가 아닙니다. 누가 그리고 무엇이 적인지 분명해서, 그것만 걷어내면 새로운 세상도 분명해지는 그런 시대가 아닙니다. 진짜 적은 내 생각, 내 마음, 내 습관, 우리의 관습, 우리의 의식에 깊숙이 형상도 없이 박혀 있습니다. 그러니 세상의 음모를 인식하는 것, 내 상처가 얼마나 깊숙한지 자각하는 것에서 출발해야 합니다. 이것은 설령 그 음모와 상처에 대해 당장 아무것도 할 수 없다 해도, 세상을 바꾸는 진정한 출발임에 분명합니다.

지금은 공자의 사상이 아니라, 오히려 공자가 가르침을 받았다고 전해지는 2,500년 전 노자의 사상을 들고 저항해야 하는 시대입니다. 노자의 《도덕경》 두 번째 장에 이런 구절이 있습니다.

세상 사람들이 모두 아름답다고 하는 것을
아름다운 것으로 알면
이는 추하다.
세상 사람들이 모두 좋다고 하는 것을
좋은 것으로 알면
이는 좋지 않다.
유와 무는 서로 살게 해주고

어려움과 쉬움은 서로 이뤄주며

길고 짧음은 서로 비교하고

높음과 낮음은 서로 기울며

음과 성은 서로 조화를 이루고

앞과 뒤는 서로 따르니

이것이 세계의 항상 그러한 모습이다.

이에 대해 최진석 서강대 철학과 교수는 이렇게 설명합니다.

'아름답다고 하는 것을 아름다운 것으로(美之爲美)' 안다는 것은 정해
진 미, 정의되어진 미, 이미 공감대가 형성된 미에 동조한다는 것이다.
'좋다고 하는 것을 좋은 것으로(善之爲善)' 안다는 것 또한 마찬가지다.
(……)

공자는 사람이 배우는 일을 학이시습지(學而時習之)라 했다. 학(學)은
모방하여 따르는 것이고, 습(習)은 새가 자주 움직여 속의 흰털이 보이
는 모습을 형상화한 글자로 같은 행동을 반복하는 것이다. 오랜 역사 속
에서 검증되고 세련되어진 행위원칙과 가치체계를 믿고 따르고 또 그것
을 반복적으로 실천하여 체화함으로써 전체 세계와 갈등 없이 관계를
맺을 수 있다고 주장한다. (……)

하지만 노자는 만일 그렇게 하면 바람직한 것으로 합의된 가치를 정
점으로 인간군이 차별화되고, 그 차별화 안에서 극심한 경쟁과 갈등이
야기되며, 그 가치가 결국은 권력으로 작용하여 사회는 혼란해지고 인

간 본연의 모습을 해치게 된다고 경고하는 것이다. (……)

노자가 보기에는 '성인이라는 이상적 가치와 지혜를 버리면 백성들은 훨씬 이롭게 되고, 인의라는 가치를 버리면 백성들은 모두 효성스럽고 인자하게 된다'는 것이고, '축적하는 학습을 그만두면 걱정거리도 없어진다'는 것이다. 노자가 보기에 학습과정은 오히려 인간의 영민함을 가리는 군더더기를 보태는 과정이다. (……)

노자가 이런 방식을 통해 도달하고자 하는 사회와 이성적 인간형은 어떤 본질적 가치에 충실하여 남성적으로 경쟁에서 승리하며 굳건해지는 모습이 아니라, 존재와 가치를 관계 속에서 파악하는 부드럽고 여성적이며 한계 지어지지 않는 순수한 모습이다. 고정적인 지적 체계나 가치가 없으니 세계의 전체 진상을 그대로 받아들일 수 있다.

_ 최진석,《노자의 목소리로 듣는 도덕경》

노자의 말씀은 어렵습니다. 그 해석과 풀이도 다양합니다. 그러나 우리가 읽는 그대로를 그 뜻으로 이해한다면, 그는 기존의 질서를 부정한 철학자입니다. 공자는 역사 속에서 검증된 가치체계와 행위원칙을 믿고, 배우고, 반복적으로 실천하라고 강조합니다. 하지만 노자는 한 가지 체계로 집중시키고 통일하려는 인위적인 문화체계와 통치방식을 오히려 약화시켜야 한다고 주장했습니다.

세상이 아름답다고 하는 것이 아름답지 않을 수도 있고, 세상이 좋다고 하는 것이 좋지 않을 수도 있다고 의심하는 것, 세상이 가라고 하는 길을 거부하는 것, 세상이 오르라고 하는 사다리를 걷어차는 것, 바로 이것이 내 안의 노예, 내 안의 하이드를 걷어내고 내 본연의 소망을 확인하는 첫걸음입니다.

비경제적인 인간의 욕망

'자기계발 인간형'을 극복하고, 즐겁고 건강한 자아를 회복하기 위한 또 하나의 작업은 나와 내 주변 사람들의 관계, 나와 사회의 관계를 복원하는 것입니다. 단절되고 왜곡된 나와 내 주변의 관계가 복원되어야, 내 모든 상처의 원인을 자기화해버리는 덫에서 벗어날 수 있기 때문입니다. 끊어진 나와 사회의 관계가 다시 이어져야, 문제의 해법을 처절한 자기계발이 아니라 정치적인 영역으로까지 확장할 수 있기 때문입니다.

여기서 '복원'이라 함은 '타인의 진보에 기여하는 것이 나 자신의 진보에 기여하는 것과 분리되지 않음을 인식하는 것'입니다. 미키 맥기가 《자기계발의 덫》에서, "타인을 육성하는 행위에서 개인은 하나의 삶이 아니라 두 개의 삶을 창조한다"고 했듯이 말입니다.

주류경제학에서 주장하는 '경제적 인간(호모이코노미쿠스)', 즉 '인간은 본질적으로 협력이 아니라 이기심에 근거해 행동한다'는 가정은 인간의 본성이라기보다 그렇게 만들어지고 강요된 측면이 강합니다. 시대를 막론하고 보편적으로 적용되는 인간의 본성도 있겠지만, 특정한 경제제도와 특정한 문화에 의해 인간형이 창조되기도 합니다. 금융자본주의는 돈을 최고의 가치로 추구하는 사람들이 만들지만, 이들은 돈을 최고의 가치로 보는 문화적 형성과정 없이는 존재할 수 없습니다. 이처럼 '가치'와 '문화', 그리고 '인간형'은 함께 가는 것입니다.

예를 들어, 인류학자나 사회심리학자들은 "경제에 대한 지식만 가지고도 그 사회의 사회화 압력이 순종을 강조하는 방향인지, 아니면 자기주장을 강조하는 방향인지 상당히 정확하게 예측할 수 있다"고 말합니다. 사회심리학자인 멜빈 콘(Melvin Kohn)과 동료들은 미국과 일본 그리고 공산권 시절의 폴란드 등 3개국 사람들을 대상으로, 직장 내에서의 지위에 따라 자신이나 자녀에게 순종과 규율, 자발성과 독립성 등의 가치를 어느 정도 강조하는지 분석했습니다.

그 결과, 3개국 모두 직장에서 자발성을 발휘하는 사람들은 다른 삶의 영역(자녀 양육과 여가활동 등)에서도 자발성에 가치를 두며, 운명론적이거나 불신에 찬 행동 혹은 자기비하가 덜한 편인 것으로 나타났습니다. 멜빈 콘은 이렇게 결론을 내립니다. "직업상 자기주도성의 경험은 사람들의 가치, 성향, 인지 기능에 심대한 영향을 미친다. 사회구조는 주로 사람들의 삶의 조건에 영향을 주는 방식으로 개인의 심리적 기능에 영향을 미친다." 쉽게 말해, 일상적으로 명령을 받는 봉급쟁이들은 집에서도 "모나면 안 돼. 그렇게 행동하니까 선생님과 친구들이 널 싫어하지"라고 아이들에게 주의를 주는 반면, 명령을 하는 쪽은 "네 마음 가는 대로 해. 넌 할 수 있어"라고 격려한다는 것입니다.

그래서 어떤 특정한 인간형은 결국 문화제도적인 현상이며, 초역사적인 것이 아니라 역사적인 것일 수밖에 없습니다. 만일 '죽음의 계곡'의 인간형을 이기심에 근거해 자신에게 유리한 기회만 갈구하는 고립된 인간형이라고 한다면, 이는 본성이 그래서가 아니라, 다른 사람과는 성과의 단 몇 방울도 나눌 수 없도록 만든 승자독식의 배타적 프라이빗 경제질서 때문입니다.

우연히 초등학교 사회과목 참고서를 보고 놀란 적이 있습니다. "인간의 욕망은 무한하고 자원은 한정돼 있기 때문에 합리적 선택이 필요하다"는 주류 경제학 원리를 가르치는 단원이었습니다. 그런데 이런 문제가 있더군요.

| 문제 | '인간의 욕망'에 대해 바르게 설명한 것은?

　　　① 물건을 아껴 쓰려고 한다.

　　　② 어떤 일이든 만족하기 어렵다.

　　　③ 다른 사람을 도와주려고 한다.

　　　④ 어려운 이웃을 배려하려고 한다.

　　　⑤ 자기가 맡은 일을 잘하려고 한다.

정답은 몇 번일까요? ②번입니다. 혹시 문제가 잘못된 건 아닌지 두 번, 세 번 다시 봤습니다. 그런데 문제는 거두절미하고 '인간의 욕망'에 대해 바르게 설명한 것을 물었고, 정답은 ②번이라고 표시되어 있었습니다. 주류경제학자들이 "경제주체는 이기심에 근거해서만 행동한다"고 가정하고 있는 그대로입니다.

비주류경제학자들은 이런 주류경제학의 가정이 얼마나 잘못된 것인지 밝히기 위해 수많은 행위실험을 했습니다. 그중 '최후통첩게임(ultimatum game)'이라는 것을 잠시 살펴보겠습니다.

서로 모르는 두 사람이 짝이 되어 한 사람은 '제안자'로, 다른 한 사람은 '응답자'로서 실험에 참가합니다. 예를 들어, 100달러를 제안자에게 주고 그가 임의로 응답자에게 나누어줄 금액을 정하도록 합니다. 이에 응답자가 응하면 서로 그 돈을 나누어가지게 됩니다 만약 응답자가 그 금액에 만족하지 않고 거절하면, 둘 다 한 푼도 가질 수 없습니다. 이처럼 제안자의 제안이 응답자에게는 최후통첩과 마찬가지로 협상의 여지가 없기 때문에, 이 실험을 '최후통첩게임'이라고 하는 것입니다.

여러분이라면 어떻게 하시겠습니까? 만약 제안자로서 10만 원을 다른 사람과 나누어야 한다면 말입니다. "5만 원을 주겠다"고 하면 대부분의 응답자가 오케이하겠지요. 그런데 내가 나누는 금액을 결정할 수 있다는데 굳이 5만 원씩이나 주고 싶지 않을 수도 있습니다. "3만 원만 주겠다"고 할 수도 있습니다. 응답자가 "그래, 3만 원이라도 받을게" 하면 당신은 7만 원을 건지게 되는 겁니다. 그런데 이때 응답자가 "기분 나빠, 차라리 안 받고 말겠어" 해버리면 당신도 한 푼도 못 건지고 맙니다.

제안자와 응답자 모두 주류경제학에서 가정하는 대로 '경제적 인간'이라면 어떻게 행동할까요? 응답자는 0보다 큰 금액이 제안

되면 무조건 받아들입니다. 설령 1원이라도 거부해버리면 그것마저 잃게 되니까요. '경제적 인간'에게는 그 1원이 어떻게 얻어진 것이든 한 푼도 없는 것보다는 낫기 때문입니다. 그래서 '경제적 인간'이라면, 제안자는 1원을 제시하고 응답자는 이를 받아들일 것입니다.

그러나 미국, 일본, 독일, 러시아 등 수많은 나라에서 대학생들을 대상으로 실험을 해본 결과, 가장 흔한 경우는 50퍼센트를 제안하는 것이었습니다. 대부분 40~50퍼센트를 제안했다고 합니다. 25퍼센트 이하가 제안되었을 때는 상당수의 응답자가 거부했습니다. 사람들은 '경제적 인간'답게 행동하지 않은 셈입니다.

물론 이 실험 결과를 놓고 "사람들은 이기적이지 않다"고 말할 수는 없습니다. 하지만 최소한 "사람들이 늘 이기적인 것은 아니다. 많은 경우 이타적일 수 있다"고 말할 수는 있지 않을까요. 이기심과 이타심, 배타성과 협력성은 어느 세상에나 뒤섞여 있기 마련이고, 어떤 가치가 더 중시될지는 어떤 문화이냐에 따라 달라질 수 있습니다.

주변을 한번 둘러보십시오. 많은 사람이 서로 도움을 주고받으며, 이타적으로 서로 협력해가면서 살아가고 있습니다. 사람들이 정말 '경제적 인간'이기만 하다면, 자기 비서보다 세율이 낮다고 세금 올려달라는 워런 버핏이나, 자신의 시간과 목숨까지 내놓고 다른 이들을 돕는 사람들을 설명할 길이 없습니다. 착한 사람이 늘 꼴찌가 되라는 법은 없습니다. '착하면 꼴찌 된다'는 논리 자체가 우리가 부정해야 할 이데올로기입니다.

사람들은 다른 사람을 이겨야겠다는 불안과 초조가 클수록 남의 시선을 의식하게 됩니다. 남의 성공을 보고 내 성공을 평가하게 됩니다. 나를 보고 나를 판단하는 게 아니라, 남을 보고 나를 판단하는 일이 반복됩니다. 그러다 보니 '지금 내가 하고 있는 일'은 행복이 아니라 불쾌함이 됩니다.

만일 우리가 다른 사람을 꼭 이겨야겠다는 불안과 초조를 걷어낼 수 있다면, 우리는 더 성숙한 인간으로서 더 좋은 성과를 얻을 수 있습니다. 나 자신의 진보가 타인의 진보에 기여하고, 타인의 진보에 기여하는 것이 나 자신의 진보에도 기여한다는 사실을 인식할 때, 나와 주변의 관계를 건전하게 복원할 때, 우리는 그런 초조와 불안에서 벗어날 수 있습니다.

진짜 민주주의는 이제 시작이다

돌이켜보면, 타협의 시대에는 경제적 자유는 제한됐지만 대신 민주주의가 있었습니다. 사람들은 노조를 통해 정치권력과 경제권력을 견제하고, 자신들의 이해를 관철할 수 있었습니다. 당시 정치는 다수의 보편적 의사를 존중하고 다수의 삶을 개선하기 위해 노력했습니다.

하지만 울타리가 해체되고 시장이 전면화되면서 상황이 역전됩니다. 경제적 자유는 만개했지만, 대신 민주주의가 실종됩니다. 경제권력이 정치를 좌우하면서, 정치권력은 다수에 의해 통제되지 않은 채 소수를 위해 운영됩니다. 시민은 배제되고 경제권력을 쥔 일부에 의해 제도와 정책이 결정됩니다. 해고의 자유, 복지 축소, 사회안전망 해체, 기업을 위한 수많은 자유화 같은 것들 말입니다.

원래 자유주의는 봉건제를 타파하기 위한 시민계급의 혁명이념이었습니다. 하지만 시민계급이 산업자본주의의 주류계급으로 등극하면서 모순이 드러납니다. 경제적 자유주의(사유재산권)가 평등지향성을 가진 민주주의, 즉 정치적 자유주의(시민권)와 갈등을 빚게 된 것입니다. 타협의 시대에는 국가가 경제적 자유를 제한함으로써 갈등이 봉합되었지만, 울타리가 해체되면서 갈등이 다시 전면으로 떠오릅니다. 이제 경제적 자유가 정치적 자유를, 경제권력에 의한 독재가 민주주의를 억누르게 된 것입니다.

물론 지금 우리는 민주주의의 형식을 갖추고 있습니다. 직접선거와 의회민주주의, 삼권분립, 다당제 같은 것들 말입니다. 하지만 민주주의의 실질적인 핵심은 다수의 자기지배, 즉 소수가 정치를 악용하지 못하도록 다수가 저항해서 막아내는 권리를 행사할 수 있다는 것입니다. 그런데 우리의 현실은, 형식은 민주주의지만 실질은 경제적 가치, 즉 경제적 자유주의의 압승입니다. 따라서 지금의 민주주의는 진짜가 아닌 것입니다.

아니, 타협의 시대의 민주주의조차 진짜가 아니었는지 모릅니다. 평등지향성은 지니고 있지만 개인의 권리와 자유, 개인의 욕망과 책임 등 진보적인 자유주의의 가치는 없었기 때문입니다. 그렇다면 진짜 민주주의는 자신과 다수의 유사함을 강조하는 것이 아니라 오히려 자신의 차이를 더 적극적으로 드러내기 위해 다른 사람들과 관계를 맺는 것, 공공과 개인을 억지로 구분하는 것이 아니라 함께 갈 수 있도록 하는 것 아닐까요. 이를 위해 집단적인 대화의 문화를 만들고, 그래서 형식이 아니라 실질로서 민주주의를 채워나가는 게 진짜 민주주의 아닌가 싶습니다.

이렇게 보면, 소수에 의해 좌우되는 정치권력도 문제지만, 더 근원적인 문제는 경제적 가치에 편향된 이데올로기가 우리 내면 깊숙이 박혀 있는 것입니다. 그렇기 때문에 다양한 영역과 공간에서 자신의 차이를 드러내고 나누면서, 경제적 가치에만 줄서도록 부추기는 경제자유주의의 어두운 이데올로기를 걷어내는 것이 중요합니다. 각자의 자유로운 발전이 모두의 자유로운 발전의 밑거름이 되도록 말입니다.

경제권력에 포획된 민주주의, 개인의 자유주의적 가치가 발현되지 못하고 평등지향적이기만 한 민주주의를 극복하기 위해서는 무엇보다 표현의 자유가 가장 중요합니다. 표현의 자유는 현대 민주주의에서 기본권 중의 기본권입니다.

혹시 '포리송 사건'이라고 들어보신 적이 있습니까? 1970년대 말 프랑스 리옹대학의 교수 로베르 포리송(Robert Faurisson)은, 아우슈비츠 포로수용소는 존재하지 않았고 가스실도 없었다고 주장해서 유대인들의 분노를 샀습니다. 이 때문에 대학에서 쫓겨났고, 유대인들로부터 암살위협까지 받았습니다. 그런데 이 이상한 사람을, 세계적인 석학 노암 촘스키(Avram Noam Chomsky)가 옹호하고 나섭니다.

포리송의 주장에 동의해서가 아닙니다. 촘스키 역시 유대인입니다. 다만 포리송이 그렇게 주장할 수 있는 표현의 자유를 옹호한 것입니다. 촘스키는 다른 499명의 지식인과 함께 포리송의 인권이 존중되어야 한다는 탄원서에 서명합니다. 이 탄원서는 '촘스키 탄원서'라고 이름 붙여졌고, 이후 그는 여론의 뭇매를 맞았습니다.

하지만 촘스키는 이렇게 이야기합니다. "모든 인간은 그가 어떤 의견을 가졌든, 표현의 자유를 가지고 있으며, 세상 모두가 도덕적으로 혐오하는 그런 의견을 표현할 때일수록 더욱더 표현의 자유가 중요하다." 촘스키는 '표현의 자유가 모든 것에 우선한다'고 말하려 했던 것입니다. 그가 "미국은 세계 어느 나라보다 덜 성숙한 나라다. 거대언론들이 국민적인 컨센서스를 제조하는 과정을 통해 자신들의 의견을 마치 전체 국민여론처럼 둔갑시키고 있다"고 비판한 것을 보면, 촘스키가 왜 포리송을 옹호했는지 이해가 가실 겁니다.

경제적 가치에 수직계열화된 현실을 탈출하기 위해서는 다양한 가치와 다양한 생각, 다양한 삶이 수평적으로 여기저기서 제기되어야 합니다. 그러려면 다른 사람이 나와 다를 수 있음을 인정하는 것이 무엇보다 중요합니다.

그런데 지금, 우리는 진짜 민주주의가 시작될 수 있다는 희망을 목도하고 있습니다. 바로 기술혁신이 우리에게 선사한, 사람들과 사람들 사이의 새로운 네트워크입니다. 우리는 이제 인터넷에 접속하기만 하면, 스마트폰을 켜기만 하면, 손쉽게 자신의 생각을 드러내고 나눌 수 있습니다. 수많은 사람의 생각을 동시에 접할 수 있고, 수많은 논쟁을 볼 수 있으며, 함께 분노하고 다양한 활동에 동참할 수 있습니다.

메일로 일대일 커뮤니케이션을 하던 세상은 아주 오래전 일처럼 느껴집니다. 스마트폰은 우리에게 새로운 '광장'을 제공하고 있습니다. 사람과 사람 사이의 수평적 관계, 다양한 사람이 동시에 소통하는 집단적인 대화, 실시간으로 바로잡고 바꿔나가는 역동적인 문화가 가능해졌습니다. 교과서에 나오는 그런 자유민주주의가 아니라 진짜 민주주의, 진짜 자유주의를 복원할 수 있는 가능성이 싹트고 있습니다. 《유엔미래보고서 2025》는 이렇게 분석합니다.

이제 네트워크 개념의 확장으로 인해, 수평적으로 연결되는 인간관계가 혁명을 불러온다. 농경시대에는 권력이 종교, 즉 사제와 왕에게 있었다. 이때 사회구도는 '왕과 부하'였다. 산업시대에는 국가가 권력을 가지면서 사회구도가 '국가와 국민'으로 바뀌었다. 하지만 현대에는 정보 네트워크가 권력을 갖게 되고, 사회구도는 '친구와 친구'로 변한다. 트위터나 페이스북에서 연령을 불문하고 처음 보는 사람에게 친구신청을 하는 것은 옛날 같으면 찾아보기 힘든 풍경이다. (……)

이러한 기술이 10년 이내에 모든 계층구도를 완전히 평평하게 만들면서 권위나 권리구도를 깬다. 지금까지는 소수의 선택받은 사람들이 다수의 국민을 대신해 국가를 다스렸지만, 이제는 네트워크를 통해 직접 민주주의가 가능해지고 집단지성이 출현하면서 선택받은 소수를 필요로 하지 않게 되었기 때문이다.

이미 SNS는 민주주의가 가장 정착하기 어려운 나라에서조차, 정치적인 목소리를 가장 내기 어려울 것 같은 나라에서조차 세상을 바꾸고 있습니다. 이집트 무바라크정권의 철권통치를 허물었고, 아프리카 튀니지의 23년 장기집권 정권도 무너뜨렸습니다. 생각을 나누고 행동을 조직하는 데 요구되는 개인의 희생이 적어졌기에, 같은 생각과 같은 목소리를 가진 친구가 수없이 많음을 손쉽게 확인할 수 있기에, 집단지성이 권력구조까지 바꿔낼 수 있는 것입니다.

1990년대 정보기술혁명이 경제자유주의를 구석구석에 확대했다면, 플랫폼화하고 있는 지금의 기술혁신은 정치적 자유와 민주주의를 확대할 수 있는 광장을 제공하고 있습니다. 이 광장에서 사람들은 권력구조를 바꿀 뿐 아니라, 공동체의 아픔과 상처를 나누면서 주저하지 않고 달려가는 시민사회의 성장도 이끌고 있습니다.

바로 이것이 진짜 민주주의의 시작 아닐까요? 개인이 자신의 사익에 매몰되지 않고, 자신의 생각과 차이를 드러내면서, 동시에 공동체의 발전을 위해 모이고 있습니다. 이제 사람들은 이데올로기 속의 진보, 탁상 위의 진보를 본능적으로 거부하기 시작했습니다. 내가 이해하기 위해 머리 싸매고 노력해야 하는 것이 아니라, 내 몸과 마음이 저절로 따라가는 진보를 '진보'라고 믿기 시작한 것입니다.

　그래서 우리가 이 새로운 광장을 어떻게 활용하느냐에 따라, 우리 안에 내재한 '남들보다 더 가져야 한다'는 저급한 의식을 한쪽으로 밀어내고, 역사를 다시 진보의 궤도로 올려놓을 수 있습니다. 우리 가 할 일은 바로 그 흐름에 올라타는 것, 그리고 즐기는 것입니다. 《유엔미래보고서 2025》는 다시 이렇게 말합니다.

　얼마 전끼지만 해도 목소리가 큰 사람, 마이크를 든 사람, 완장을 찬 사람들이 변화의 주체가 되었다. 하지만 이들이 이뤄내던 변화를 이제 는 첨단기술을 통해 다수의 평범한 시민이 더 빠르게, 더 은밀하게 이룰 수 있다. 목소리를 내지 못하게 할 수는 있어도 휴대전화를 뺏을 수는 없기 때문이다.

　이제 상상해보십시오. 귀신고래가 새끼를 등에 업고 더덕더덕 따 개비들을 몸에 붙이고 유유히 바다를 유영하는 모습을요. 창조공생 의 가치기준을 세우고 경제적이기만 한 인간형에서 벗어나 진짜 민 주주의를 꽃피우는 세상을요. 죽음의 계곡에서 탈출할 수 있는 길 은 반드시 있다는 믿음부터 가져야 합니다. 다 함께 진정한 바다의 주인이 되어 피비린내 나는 나쁜 바다로부터의 탈출은 충분히 가능 합니다.

- 강수돌 외,《자본을 넘어, 노동을 넘어》, 이후, 2009
- 강수돌,《경쟁은 어떻게 내면화되는가》, 생각의나무, 2008
- 강수돌,《일중독 벗어나기》, 메이데이, 2007
- 강준만,《미국사 산책 1~10권》, 인물과사상사, 2010
- 김인성,《한국 IT산업의 멸망》, 북하우스, 2011
- 노암 촘스키(Noam Chomsky), 강주헌 역,《촘스키, 누가 무엇으로 세상을 지배하는가(Deux heures de lucidite)》, 시대의창, 2002
- 누리엘 루비니 외, 허익준 역,《위기경제학(Crisis Economics)》, 청림출판, 2010
- 다니엘 핑크(Daniel H. Pink), 석기용 역,《프리에이전트의 시대가 오고 있다(Free Agent Nation)》, 에코리브르, 2001
- 데이비드 리스먼(David Riesman), 권오석 역,《고독한 군중(The Lonely Crowd)》, 홍신문화사, 2009
- 로버트 라이시(Robert B. Reich), 안진환 외 역,《위기는 왜 반복되는가(After shock)》, 김영사, 2011
- 로버트 라이시, 오성호 역,《부유한 노예(The Future of Success)》, 김영사, 2001
- 로버트 라이시, 형선호 역,《슈퍼자본주의(Supercapitalism)》, 김영사, 2008
- 로버트 루이스 스티븐슨(Robert Louis stevenson),《지킬 박사와 하이드(The Strange Case of Dr. Jekyll & Mr. Hyde)》, 문학동네, 2009
- 로버트 프랭크(Robert H. Frank), 필립 쿡(Philip J. Cook), 권영경 외 역,《승자독식사회(The Winner-Take-All Society)》, 웅진지식하우스, 2008
- 로버트 하일브로너(Robert Heilbroner) 외, 박만섭 역,《비전을 상실한 경제학(The Crisis of Vision in Modern Economic Thought)》, 필맥, 2007
- 로버트 하일브로너 외, 홍기빈 역,《자본주의, 어디서 와서 어디로 가는가(The Making of Economic Society)》, 2010

- 로버트 하일브로너, 장상환 역,《세속의 철학자들(The worldly Philosophers)》, 이마고, 2008
- 로버트 하일브로너 외, 조윤수 역,《경제학은 무엇을 말할 수 있고 무엇을 말할 수 없는가(Economics Explained)》, 부키, 2009
- 리오 휴버먼(Leo Huberman), 장상환 역,《자본주의 역사 바로 알기(Man's Worldly Goods)》, 책벌레, 2000
- 리처드 세넷(Richard Sennett), 유병선 역,《뉴캐피털리즘(The Culture of the New Capitalism)》, 위즈덤하우스, 2009
- 마크 레빈슨(Marc Levinson), 김동미 역,《더 박스(The Box.)》, 21세기북스, 2008
- 미셸 보(Michel Beaud), 김윤자 역,《자본주의의 역사(Histoire du Capitalisme)》, 창작과비평사, 1987
- 미키 맥기(Micki McGee), 김상화 역,《자기계발의 덫(Self Help, Inc.)》, 모요사, 2011
- 박영숙 외,《유엔미래보고서 2025》, 교보문고, 2011
- 박종현,《케인스&하이에크》, 김영사, 2008
- 박현정,〈평생의 시간을 돈과 맞바꾸는 삶에서 벗어나라〉,《내 인생을 바꾼 한 권의 책 2》, 리더스북, 2009
- 새뮤얼 보울스(Samuel Bowles) 외, 최정규 외 역,《자본주의 이해하기(Understanding Capitalism)》, 후마니타스, 2009
- 서동진,《자유의 의지 자기계발의 의지》, 돌베개, 2009
- 서현주,〈루이스 하인의 '자본주의 이면의 기록'〉, 이화여자대학교, 2007
- 손철성,《헤겔&마르크스》, 김영사, 2008
- 아르네 다니엘스(Arne Daniels, Stefan Scmitz) 외, 조경수 역,《자본주의 250년의 역사(Die Geschichte Des Capitalismus)》, 미래의창, 2007
- 안도 다다오, 이규원 역,《나, 건축가 안도 다다오(建築家 安藤忠雄)》, 안그라픽스, 2009
- 안토니오 그람시(Antonio Gramsci), 이상훈 역,《그람시의 옥중수고 1(Quaderni del Carcere)》, 거름, 2006
- 앙드레 고르(André Gorz), 임희근 외 역,《에콜로지카(Écologica)》, 생각의나무, 2008
- 앙드레 모루아(André Maurois), 신용석 역,《미국사》, 기린원, 1998

- 원용찬, 《유한계급론—문화·소비·진화의 경제학》, 살림, 2007
- 윤평중, 《급진자유주의 정치철학》, 아카넷, 2009
- 이근식, 《신자유주의—하이에크 프리드먼 뷰캐넌》, 기파랑, 2009
- 이근식, 《자유와 상생》, 기파랑, 2005
- 이정전, 《두 경제학의 이야기》, 한길사, 1993
- 제라르 뒤메닐(Gérard Duménil) 외, 이강국 외 역, 《자본의 반격(Crise et Sortie de crise)》, 필맥, 2006
- 제러미 리프킨(Jeremy Rifkin), 이영호 역, 《노동의 종말(The End of Work)》, 민음사, 2005
- 존 갤브레이스(John K. Galbraith), 노택선 역, 《풍요한 사회(The Affluent Society)》, 한국경제신문, 2006
- 존 갤브레이스, 박현채 외 역, 《불확실성의 시대(The Age of Uncertainty)》, 범우사, 1999
- 존 갤브레이스, 장상환 역, 《경제학의 역사(The History of Economics)》, 책벌레, 2002
- 존 미클스웨이트(John Micklethwait) 외, 유경찬 역, 《기업의 역사(The Company)》, 을유문화사, 2004
- 찰스 핸디(Charles Handy), 노혜숙 역, 《정신의 빈곤(The Hungry Spirit)》, 21세기북스, 2009
- 찰스 핸디, 이종인 역, 《코끼리와 벼룩(The Elephant and the Flea)》, 생각의나무, 2001
- 최진석, 《노자의 목소리로 듣는 도덕경》, 소나무, 2001
- 폴 크루그먼(Paul Krugman), 김이수 역, 《우울한 경제학자의 유쾌한 에세이(The Accidental Theorist)》, 부키, 2002
- 폴 크루그먼, 안진환 역, 《불황의 경제학(The return of depression economics and the crisis of 2008)》, 세종서적, 2009
- 폴 크루그먼, 예상한 역, 《미래를 말하다(The Conscience of a Liberal)》, 현대경제연구원북스, 2010
- 황선미, 《마당을 나온 암탉》, 사계절, 2002
- 황영식, 〈악마의 맷돌〉, 한국일보, 2008. 10. 29